平野が語る日本史

角川文庫
22228

平野が語る日本史

目次

序章　平野をどうとらえるか

ナイルデルタ、メソポタミア地方など、古代文明発祥の地が「平野」であることはよく知られている。しかし「平野とは何か」と改めて聞かれると、戸惑う人が多い。わかりきっているようで、実はわかっていないところが多く、誤解もある。そこで、本書では平野そのものについて考えることから始めたい。

山（山地）や丘（丘陵地）に比べると、平野はデコボコが少なく傾斜が小さいため、なかなかつかみにくい。古代の人びとは、このようなつかみどころのない、きわめて平凡な地形をどのように感じ、それをどのような言葉で表現していたのであろうか。言葉の移り変わりについても辿《たど》ってみよう。

内外の教科書や地図帳をひろげてみると、日本の平野がきわめて特異なものであることがよくわかる。形や大きさだけでなく、生い立ちや平野を構成する物質までが、まるっきり違うのである。「平野」とひとくちに言っても、それは実にさまざまであるため、日本の平野を取り上げる前に、世界の平野についても少し眺めておく必要があろう。

「平野は変化する」、これも重要な視点である。地表面は地震や火山爆発によって急速に、また流水のほか氷河、風、波浪などの浸食や堆積《たいせき》によってゆっくりと変化している。そして時代が下るにしたがって、平野の形成とその後の変化に及ぼす人間の力が次第に大きくなった。日本の場合、紀元前・後のそれぞれ四〇〇～五〇〇年ころが地形改変の大きい画期だったといえる。紀元前五～四世紀ころから平野を中心に農耕が広く展開されるようになり、紀元後四～五世紀ころから開発の場は段《だん》丘《きゅう》の上にも広がった。

このようにして、地形は絶えず変化しているため、現在の地形は過去の地形と同じではない。そこで面倒でも、当時の景観（原景観、原風景）や地形環境（古地理）を再構成する必要がある。このような仕事は〝ふくげん〟と呼ばれる。従来は「復原」と「原」の文字のみがあてられていたが、最近では「原」と「元」の両方がたぶん無意識のうちに使われるようになり、関係者の間で多少の混乱が生じている。この点については、少し整理をしながら、私自身の考えを述べてみたい。第4章以下では、段丘、扇状地《せんじょうち》、三角洲《さんかくす》など、基本的な地形単位ごとに話を進めていきたい。

段丘は平野の一部といえるが、地形の細かい特徴や開発の歴史の面からは、やはり特殊なものとしてとらえる必要がある。ここでは段丘開発をふたつの側面から検討する。そのひとつは規模の大きい溝渠《こうきょ》の開削《かいさく》による開田、つぎは巨大古墳の築造である。前者では筑前国《ちくぜんのくに》（福岡県）の「裂田溝《さくたのうなで》」と河内国《かわち》（大阪府）の「針魚大《はりおのおお》溝《うなで》」を取り上げ、現地比定を試みるとともに、開削当時の地形環境や工事の模様について推定してみたい。古墳の場合は、大阪府の古市《ふるいち》古墳群の中枢に位置する応神天皇陵古墳が変形した理由とその時期について検討する。同じような変形は、西方の仁徳天皇陵古墳でも生じている。

つづいて、畿内《きない》の盆地内に相次いで成立した都京の立地環境を、地理的位置や微地形と関連づけてとらえる。畿内の盆地はいずれも規模が小さく、数も少ないため、平安京《へいあんきょう》を最後に遷都は行なわれなくなった。

つぎに、日本の平野の典型といえる扇状地を取り上げ、洪水と人びととの戦いの姿をみる。東海地方に位置する大井《おおい》川の下流域では、扇状地特有の激しい洪水に対処するため、三角屋敷と呼ばれるこの地域独特の家屋（屋敷）がつくられた。これは洪水への生態的対応ともいうべきものであり、土木技術が進んだ現代においても、参考とすべきところが多い。

扇状地が上流型の平野とすれば、中流型の平野は谷底平野や氾濫《はんらん》平野（氾濫原）ということになる。そこで、中央構造線に沿ってほぼ東西に延びる紀ノ川《きのかわ》平野を取り上げ、平野の歴史を辿ったあと、歴史時代において、紀ノ川の流れがどのように変化したかを明らかにしたい。

大井川下流域のように、扇状地がそのまま海に至る例もあるが、かなり規模の大きい河川であれば、河口付近に三角洲を発達させていることが多い。その例としてすぐ頭に浮かんでくるのが筑後《ちくご》川三角洲（筑紫《つくし》平野）である。この平野は、過去約六〇〇〇年間に土砂の堆積や干拓事業によって、汀線《ていせん》が著しく前進した。大井川扇状地とは対象的である。ここでは、貝塚の垂直的な分布状況から、弥生《やよい》時代以降における平野面の動きについて検討したのち、上流部の吉野ヶ里《よしのがり》遺跡の立地環境を考える。この三角洲には小河川とクリークが多く、また規模の大きい潮汐《ちょうせき》がみられる。人びとがこれらをいかに利用してきたかも考えたい。

島国である日本は、古くから対外交流が盛んであり、とりわけ古代における交流の拠点はラグーン（潟湖《せきこ》）におかれた。そこで最後にラグーンを取り上げ、若干の説明を行なったのち、この地形が船着き場としてどのような役割を果たしたかについて、日本海《にほんかい》沿岸と瀬戸内海《せとないかい》沿岸とを比較してみたい。

第1章　呼び名の歴史をめぐって

平野とは何か

「たいらでひろびろとしたのはら」、手元にある小さい国語辞典には、「平野」について このように書いてある。あまり簡単すぎるので地理辞典を開いてみると、「起《き》伏《ふく》の小さい比較的平坦《へいたん》な土地」と、簡潔にまとめられてあった。起伏というのは高さでも傾斜でもなくて、一定の範囲内での高低差、つまりデコボコのことである。

イギリスの地理学者L・D・スタンプは、彼の地理用語辞典のなかで、さまざまな辞典や著名な学者の、平野に関する見解を紹介したのち、「平野の意味にはかなりのバラツキがある」こと、そして「平野」は「平坦面」と同一視される傾向がつよいと述べている。それに対して、アメリカの地形学者A・N・ストラーラーは「低地がしばしば平野と同じ意味に用いられる」としながらも、「平野にはつねに小起伏という概念が含まれるが、低地の場合、必ずしもそうではない」と述べている。以上で、平野の意味が何となくわかったような気もするが、もう少し詳しくみてみよう。

アメリカの地理学者G・T・トレワーサは、「平野とは、海面に対して比較的低く、地方的起伏が五〇〇フィート（約一六〇メートル）以下の土地を指す。すべての平野の海抜高度が同じではなく、ある幅広い平野は高さが数百フィートに達するのに対し、海抜ゼロフィート以下の平野もある。またある平野はきわめて平坦であるが、他のものはローリングしていたり凹凸《おうとつ》がある」と定義している。これらは巨大な平野をもつ国の学者による定義であり、あまり釈然としないので、最後に日本の地形学者渡辺光の見解を紹介しておこう。

渡辺光は、「平野という言葉は経験的なものであり、平地・平原・低地などといわれているものとほぼ同一義と解してよい。常識的には、比較的平坦で低いところと解されている。しかしその平坦度、傾斜、起伏、高さなどの点になると一定の基準はない」としている（渡辺『新版地形学』古今書院　一九七五）。

ところで、平野（平地）は大きくふたつに分けてとらえることができる。そのひとつは「台地」と呼ばれているもので、河岸段丘、海岸段丘、隆起扇状地、隆起三角洲《さんかくす》などがこれに含まれる。つぎは現在の河川沿いに今なお発達をつづけている扇状地・氾濫原《はんらんげん》・三角洲などの低地であり、台地と低地の両方を合わせると日本の国土全体の約二〇・四パーセントとなる。そしてここに全人口の七五パーセントあまりが住んでおり、平野の重要性は昔も今も変わらない。

ミシシッピデルタとハイウェー
全く平坦で、どちらを向いても山はみえない。地盤沈下が激しく、道は橋梁の上を走る。ニューオーリンズ西北部。(1977年3月撮影)

郊原《の》・平原《はら》・高台《たかどの》

『日本書紀』景行《けいこう》天皇十八年六月条に

丙子《ひのえねのひ》に、阿蘇国《あそのくに》に到りたまふ。其の国、郊原《の》曠《ひろ》く遠くして、人の居《いへ》を見ず。

とある。ここに「郊原」と記されているのは阿蘇山《あそさん》の火口原で、現在は阿蘇谷《あそだに》と呼ばれているところにあたる。平らな土地の標高は四八〇〜五一〇メートルで、周りは急な火口壁となっている。火口原の東西幅はおよそ一〇キロメートル、南北幅は六キロメートルほどであり、当時はこのような土地が「郊原」と呼ばれた。都からも遠いこの地には、当然のことながら、民家はほとんどなく、人の姿はみられなかったのである。

同じく『日本書紀』仁徳天皇十一年四月条には、

郊《の》も沢も曠く遠くして、田圃《たはたけ》少く乏《とも》し。

とあり、つづいて十月条には、

阿蘇谷と外輪山

阿蘇カルデラの北部を占める。かつて湖をなしていたこともあり、排水のよくない低湿地が多い。田がほとんどで、集落は微高地を選んで塊状に分布する。背後は外輪山。

宮の北の郊原《の》を掘りて、南の水を引きて西の海《かは》に入る。

と記されている。このばあい、「郊」も「郊原」もほぼ同じ場所、すなわち大阪の上町《うえまち》台地と東の生駒《いこま》山地に囲まれた低地を指す。少し細かく見ると、「郊」は東方の生駒山地と西方の上町台地に挟まれた低地、およびその北や北西に広がる低地一帯を意味するのに対し、「郊原」は上町台地を北に下りた砂洲《さす》（天満《てんま》砂洲）付近を指すといえる（図1参照）。

当時、天満砂洲を除く低地一帯は海抜ゼロメートルに近く、きわめて湿潤で、そこに沼沢と田が入り混じるような状況であった。そして集落は河口洲《かこうす》や周りより少し高くなった自然堤防上に点在していた。そこでは雨が多く降ると、あたり一面が水びたしになるため、雨の少ない十月（新暦では十一月）に排水路「難波堀江《なにわのほりえ》」を掘ったのである。この「難波堀江」が、ラグーン（潟湖《せきこ》）排水の第一号といえる。

『日本書紀』雄略《ゆうりやく》天皇即位前紀安康《あんこう》三年十月条に

寒風《さむかぜ》の粛殺《かすか》なる晨《とき》に、将《まさ》に郊野《の》に逍遥《あそ》びて、聊《いささか》に情《こころ》を娯《たのし》びしめて騁《は》せ射《い》む

図1　6〜7世紀ころの摂津・河内・和泉の景観

石川と石津川との間に広がる段丘上に巨大な古墳と古道がみられる。旧大和川や旧淀川のつくる平野は低湿で、中央に難波潟や草香江を残している。海岸には南から天満砂洲が延び、砂洲のほぼ中央部に「難波津」が位置する。

と、ここでは「原」ではなくて「野」が使われている。場所は湖東《ことう》平野（滋賀県）の日野《ひの》川中流域の日野町、東近江《ひがしおうみ》市、ないしは愛知《えち》川右岸の愛荘《あいしょう》町あたりとされている。いずれにせよ、上町台地東方の河内低地より高燥な土地といえる。扇状地の性格を示す河川沿いの低地は幅が狭く、両側ないし片側に段丘が発達している。扇状地段丘と扇状地のどちらを指して「郊野」と呼んだかはわからない。

ところで、「仁徳天皇陵古墳」（堺《さかい》市）の立地する土地（段丘）には、固有名詞のあとに「野」と「原」があてられている。呼び方もさまざまでおもしろい。たとえば、『日本書紀』仁徳天皇四十三年九月条に

是の日に、百舌鳥野《もずの》に幸《いでま》して遊猟《かり》したまふ。

同じく六十七年十月条には、

河内の石津原《いしつのはら》に幸して、陵地《みささぎのところ》を定めたまふ。……故《かれ》、其の處を號《なづ》けて、百舌鳥耳原と曰ふは、其れ是の縁《ことのもと》なり。

とあり、さらに『古事記』下巻仁徳天皇の条には、「御陵は毛受《もず》の耳上原に在り」と記されている。「百舌鳥野」「毛受耳上原」など、表現は異なるが、同一場所を指す。ここは旧石川《いしかわ》によって形成された巨大な扇状地であり、その後開析《かいせき》されて三つの段丘面に分かれた。「仁徳天皇陵古墳」の立地する面は西の端にあり、面積は三つの面のうちでもっとも広く、表面の起伏は小さい。西側は二〇メートル前後の崖《がけ》をなすが、東側の天野《あまの》川（現西除《にしよけ》川）のつくる崖はわりあい低く、北寄りではほとんどわからないくらいである。面の連続がよいこと、北や東からは崖がほとんど気づかれないことなどにより、一般の低地と同様「原」や「野」が使われたと思われる。

面が狭くて、しかも比高（標高差）がわりあい大きい地形の場合はどうであろうか。『日本書紀』応神天皇二十二年三月条に、「丁酉《ひのとのとりのひ》に、高台《たかどの》に登りまして遠《はるか》に望《みそなは》す。」、同じく仁徳天皇四年二月条に、「朕《われ》、高台に登りて、遠に望《みのぞ》むに、烟気《けぶり》、域《くに》の中《うち》に起《た》たず。」とある。

「高台」については、これまで「高殿」、すなわち人工物と解されてきた。しかしこれは百舌鳥野からずっと北に延びる上町台地と解するほうがよい。なぜならば、『古事記』下巻仁徳天皇の条では、「是《ここ》に天皇《すめらみこと》、高山《たかやま》に登りて、四方《よも》の国を見たまひて……」となっており、『万葉集』では、住吉大社《すみよしたいしゃ》付近を「四極山《しはつやま》」（二七二）と呼んでいる。また依網《よさみ》池の西方に古くからの地名「浅香山《あさかやま》」がある。一〇〜二〇メートルほどの険しい崖をもち、上部が平坦な地形の場合、下から見上げれば「山」、上に登れば「台」と感じられたことであろう。

『日本書紀』安閑《あんかん》天皇二年十二月条には、

天皇を河内の舊市高屋丘陵《ふるいちたかやのをかのみささぎ》に葬《はぶ》りまつる。

とある。ここにいう「高屋丘」は、「応神天皇陵古墳」の南、石川左岸に位置する小さい段丘（中位段丘）である。上部の平坦面が狭いため「原」や「野」ではなくて「丘」と呼んだのであろうか。当時の人びとが地形の特徴をどの程度まで意識して言葉を使い分けたかはわからないが、表現の的確さにはおどろくほかはない。

『出雲国風土記』を読む

古代の地誌書といえる『風土記』のなかから『出雲国風土記』を取り上げてみよう。『出雲国風土記』は天平五年（七三三）の成立といわれる。

東は入海《いりうみ》にして、三方は並びに平原《はら》遼遠《はろか》なり。

とある。これは島根県の出雲平野の景観を示すが、「平野」ではなくて「平原」となっている。当時は東方の中海《なかのうみ》だけでなくて、宍道湖《しんじ》も「入海」と呼んでいたらしい。ふたつの海を結ぶ水路である大橋川《おおはし》の幅は当時もっと広かったことであろう。逆に出雲平野は現在より狭かったが、出雲国で最大の平地であったので、「平原遼遠なり」と少々大げさに表現したと考えられる。

朝酌促戸渡《あさくみのせとのわたり》。東に通道《かよひぢ》あり、西には平原《はら》あり、中央《まなか》は渡《わたり》なり。則ち筌《うへ》を東西に亙《わた》す。

ここにも「平原」という言葉が用いられている。「朝酌」は現在の松江《まつえ》市矢田《やだ》の西方とされる。「促戸」は瀬戸のことで、前述の大橋川を指す。対象とされているのは、宍道湖岸と中海をむすぶ河川沿いの土地であり、そんなに広くはない。そこに住む人びとは西から東に流れる大橋川に筌《うえ》を仕掛けて、魚類やカニを捕っていた

のであろう（図2参照）。さらに、

大原と號《なづ》くる所以《ゆゑ》は、郡家《ぐうけ》の東北一十里一百一十六歩に、田一十町許《ばかり》ありて平《は》原《ら》なり。故《かれ》、號けて大原と曰《い》ふ。

とある。大原《おおはら》は現在の島根県雲南《うんなん》市前原《まえばら》の土居あたりに比定されている。そうだとすると、この「平原」はさらに狭く、赤《あか》川に沿う最大幅二キロメートル足らずの谷《たに》底《ぞこ》平野である。同じ「平原」であっても『肥前国風土記』にみえる「此地平原にして元来岡無し」の「平原」とは性格が全く異なる。こちらは広々とした筑紫平野を指しており、中国の『史記』の淮南衡山《わいなんこうざん》列伝には「平原広沢……」と表現されている。後で詳しく述べるように、筑紫平野は典型的な三角洲平野であり、きわめて緩やかな低地にクリークや干潟が広がっている（第8章参照）。

限られた例ではあるが、『風土記』では「郊野」「郊原」ではなくて、「平原」が用いられていることがわかった。なお『日本書紀』に「平原」が出てくるのは、欽《きん》明《めい》天皇十四年十月条の「平原瀰《ながきはらひろ》く迤《の》び、人跡罕《ひとのあとまれら》に見、犬の聲聞くこと蔑《な》し」に過ぎない。この「平原」の場所ははっきりしないが、朝鮮半島西海岸のテドン川（大同《だいどう》

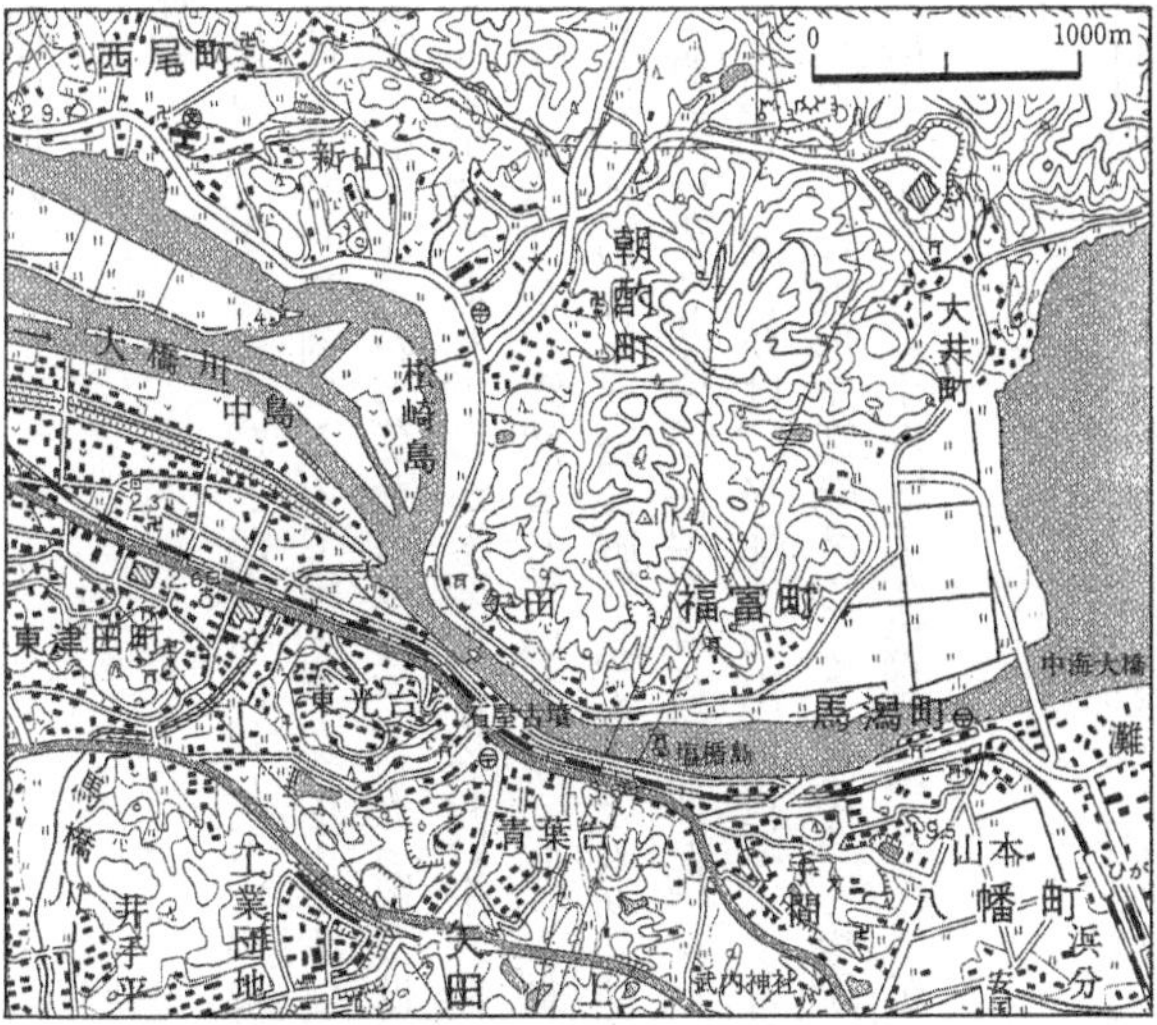

図2　「朝酌促戸渡」付近の現在の景観

かつてこのあたりは海峡の一部をなしていた。ほぼ中央を西から東に流れる大橋川は、宍道湖と中海を結んでいる。矢田にこの川唯一の渡しがある。「平原」は矢田渡し西方の狭い低地を指す。(国土交通省国土地理院発行5万分の1地形図「松江」より)

江《こう》）下流域平野らしい。

原・野・野辺

『万葉集』を見ると、当時の人びとが自然に対していかに敏感であったかがよくわかる。とりわけ、季節や時刻によって絶えず変化する渚《なぎさ》付近の景については「江」「浦」「潟」「浜」「潮」などの言葉を巧みに使って、驚くほど的確に表現している。

それに対して、単調であり、しかも変化に乏しい平野についてはどういう言葉が使われていたのであろうか。漠然としているが、「原」「野」「野辺」「岡」などがそれに当たるらしい。このなかでは「野」がもっとも多く使われており、「野辺」がそれにつぐ。「原」はかなり広い土地のほか段丘も指したのに対し、「野」「野辺」は広々とした平地というよりは、平地への出口付近、すなわち山麓《さんろく》に近い緩傾斜地、台地、狭い段丘のような地形を意味するようである。場所を特定しえないものがほとんどであるため、地形に対する厳密な議論はできないが、二、三の例をあげてみよう。

……天の香具山　登り立ち　国見をすれば　国原は　煙立ち立つ……　（二）

この場合、国原の「原」は奈良盆地南部の橿原《かしはら》市とその周辺の低地一帯を指す。標高一五二メートル（比高約七〇メートル）の天香具山《あまのかぐやま》の頂上に立てば、周りはよく見えた。このあたりで「原」の東西幅は約一一キロメートル、北へは平坦地がずっとつづく。北ないし北北西に向かって緩く傾斜する扇状地面を初瀬《はせ》川、飛鳥《あすか》川、曽我《そが》川などが静かに流れていた。

そらみつ　倭《やまと》の国　あをによし　奈良山《ならやま》越えて　山代《やましろ》の　管木《つつき》の原　ちはやぶる　宇治の渡……　（三二三六）

「奈良山」は、奈良盆地と京都（山城《やましろ》）盆地を限る低い丘陵地である。標高一〇〇メートル（比高約四〇メートル）の「奈良山」を北に越えると、眼前に現れてくるのが「山代の管木（筒木）の原」である（一〇七ページ図12参照）。この「原」は木《き》津《づ》川左岸に展開する幅の狭い氾濫平野、およびその西に、田辺《たなべ》丘陵から流れ下った何本かの支流によってつくられた規模の小さい複合扇状地よりなる。ここは平城《へいじょう》京《きょう》と長岡京《ながおかきょう》・平安京とを結ぶ回廊に当たる。『古事記』に「山代の筒木の宮」とあり、このあたり、すなわち普賢寺《ふげんじ》川の下流部（京田辺《きょうたなべ》市）に、一時的に宮がおかれたらしい。

「野」「野辺」についても、あいまいなものだが、いくつかの例をあげてみよう。

卯《う》の花の散らまく惜しみ霍公鳥《ほととぎす》野に出山に入り来鳴き響《とよも》す（一九五七）

これは「卯の花の散ることを惜しんでホトトギスが野に出たり、山に入ったりして、やってきて鳴き立てている」というほどの意味である。歌のなかに地名がはいっていないが、前後の歌に「大和」「春日」「霍公鳥」などが見えることから、広々とした奈良盆地（原）に流れ出る小さい河川のつくる狭谷とその出口付近と解される。「野」はその出口付近に発達した規模の小さい扇状地とその周辺に断続する小高い丘（段丘）を指しているのであろう。

盆地縁辺の小谷の出口付近という、よく似た地形環境を示すところをうたったものとして、

あぢま野に宿れる君が帰り来《こ》む時の迎へを何時とか待たむ（三七七〇）

がある。「味真野《あじまの》」は地名として残っているので、その場所はわかりやすい。ここは福井県武生《たけふ》盆地の南端に近く、日野川に注ぐ何本かの支流が山間部から平地に出るところに当たる（図3参照）。周りには東に大徳山《だいとくやま》、西に村国山《むらくにやま》など低い山や丘陵が存在する。西方からやってきた古代北陸道が、ここで直角に北へ折れ曲っており、古くから交通の要衝であったらしい（金坂清則「北陸道」木下良編『古代道路』吉川弘文館　一九九六）。

「野辺」をうたったものは数多いが、ひとつだけあげることにする。

朝霞たなびく野辺にあしひきの山霍公鳥いつか来鳴かむ　（一九四〇）

きわめて漠然とした歌である。「霞たなびく」から頭に浮かんでくるのは「盆地かな」といった程度である。ホトトギスから、すでに述べた小谷の出口周辺の小高い丘、すなわち段丘が想定される。

時代はかなり下るが、承平《じょうへい》五年（九三五）ころに著された『倭名類聚抄《わみょうるいじゅうしょう》』巻第一には、「原」「野」「曠野」は見えるが、やはり「平野」は使われていない。その

図3　「あぢま野」付近の現在の景観

北部の低地には条里型の土地割がみられたが、区画整理によって景観は一変した。集落は塊状をなして山麓や低地の微高地に立地する。西方を南北走するのは北陸自動車道である。A-B-Cは古代「北陸道」のルート。(国土交通省国土地理院発行5万分の1地形図「鯖江」より)

後もしばらくの間は、「郊原」「平原」「野」「曠野」などが、平らな土地を指す言葉として用いられたようである。『方丈記《ほうじょうき》』や『山家集《さんかしゅう》』にも「原」「野」「野辺」「原野」は見えるが、「平野」という表現はない。そこで平安時代末から一気に近世後期にまで飛ぶことにしよう。

『名所図会』と『淀川両岸一覧』

『名所図会《めいしょずえ》』は、近世後期に刊行された絵入りの通俗地誌である。地名のほか名所、寺社、樹木、岩石、橋、川などが、わかりやすい文章と景観写生の挿絵を多く使って記されている。挿絵はきわめて精緻《せいち》であり、詳細な分析に耐えうるものが多い。

さて、享和《きょうわ》元年（一八〇一）に刊行された『河内《かわち》名所図会』には図4のような挿絵があり、

秋風平野人烟少シ、一水西ニ奔《はし》ル日本《やまと》川

と注記されている。「平野」という表現は、もしかすると、明治に入ってからのものではないかと思っていたので、一瞬おどろいた。「やっと出てきた」というわけ

である。挿絵の場所は、東方の狭谷部から流れ出してきた大和《やまと》川が、石川を合わせたのち、まっすぐ西に向かうところである。「日本」と書いてヤマトとふりがなをつけてあるところがおもしろい。

「仁徳紀」のなかで「郊」ないし「郊原」という言葉で表わされたところとほぼ一致するが、『名所図会』では「平野」となっている（図4参照）。少し厳密にいうならば、上町台地の先端付近に立ち、眼下に眺めたのは湿潤な三角洲やラグーン、それから砂洲の地形であったのに対し、この挿絵に描かれた場所は少し南部の、やや高燥な氾濫平野ということになる。西南西から東北東を眺めたものである。

手前を右（東）から左に流れるのが大和川。北北西に流れていたものを無理に西へ付け替えたこともあって、右岸の堤防が左岸の堤防よりも頑丈につくられている。堤防の上を人が往来しており、大和川を帆かけ船がさかのぼっている様子がよくわかる。「平野」一帯に田が広がり、ひと塊になった民家や寺社は森林によって周りをとり囲まれている。大和川の旧流路（細流）がちゃんと描かれているが、背後の山地の表現は粗雑である。

本文には、「古流の趾に堤を築く。これを築留《つきとめ》といふ。両の樋ありて、北に細流二川あり。田畑の用水とし、又、荷物運送の小船ゆききして、大坂の東、京橋にて

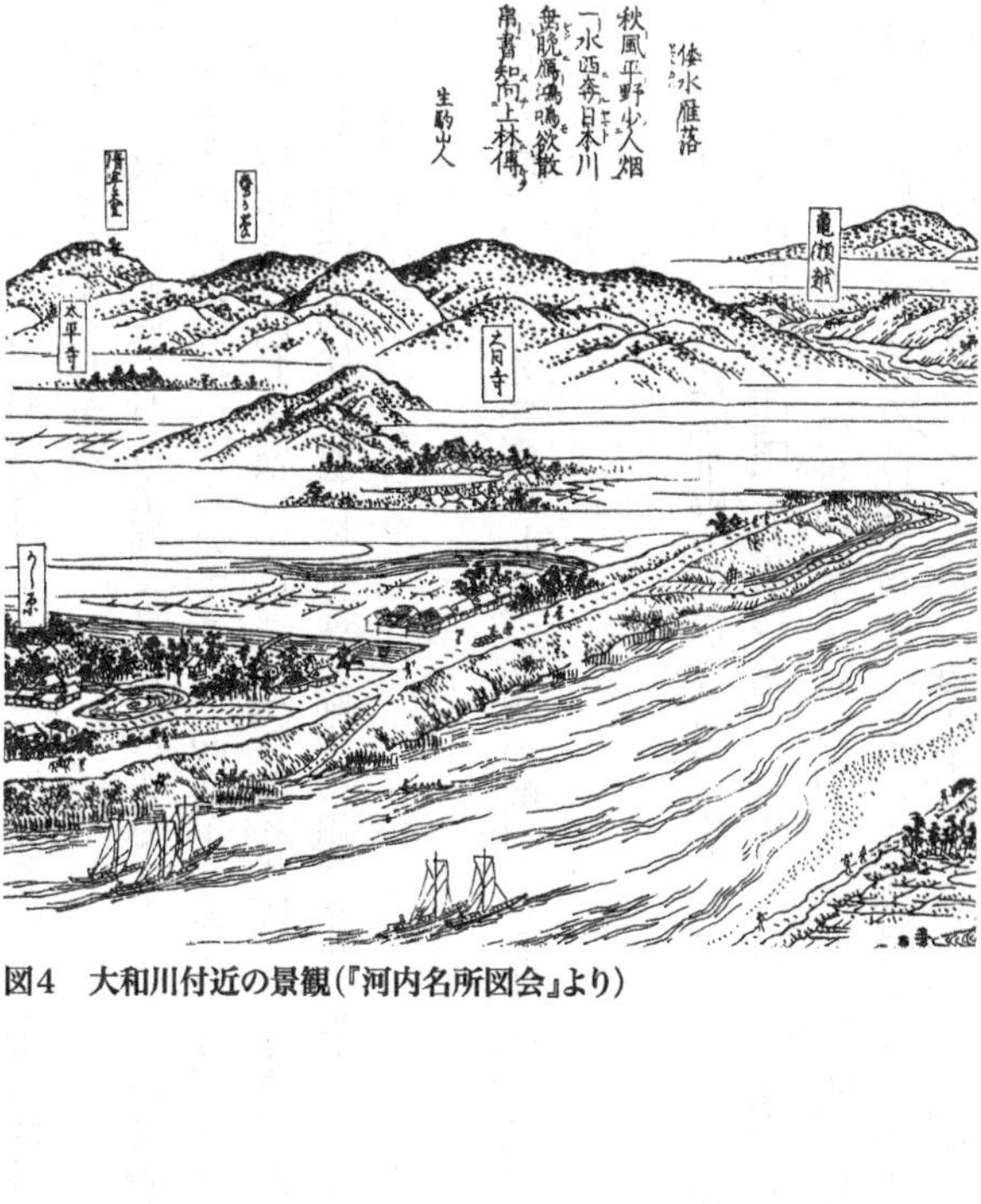

図4　大和川付近の景観(『河内名所図会』より)

淀川に会す。」と記されている。川筋の付け替え後も、旧大和川が田畑の灌漑や舟運にも利用されていたことがよくわかる。

『淀川両岸一覧』は、浪花《なにわ》（難波）から京師（京都）へ船で上下する淀川筋両岸の地名をはじめ、寺社や名所古跡を描いたものであり、四冊よりなる。文久元年（一八六一）に刊行され、挿絵は色刷りとなっている。『河内名所図会』は寺社が中心になっているのに対し、『淀川両岸一覧』には淀川両岸の風景や生活者の様子が生き生きと描かれている。「大坂」の項を見ると、

抑《そもそも》、当津は海陸の都会、天下の要衝にして、西州の喉口《ここう》、皇州の閫域《こんいく》たり。群峰右に繞《めぐ》り、平野左に連る。

なかなか流暢《りゅうちょう》な文章であり、ここに「平野」という言葉が使われている。「当津」は難波津を指し、「西州」は中国、四国、九州地方、そして「皇州」は畿内を意味するといえよう。「群峰」は生駒山《いこまやま》、信貴山《しぎさん》など生駒の山々であり、「平野」は淀川の左右両岸から武庫川《むこがわ》左岸付近に至る低地を指す。このころ大阪の地は「山川の明《めい》麗《れい》、……海浜の広斥《くはうせき》、沢国《たくこく》の佳致《かち》にして、他邦に類せず」。つまり、空気と水はよ

く澄んで、山や川はきわめて美しく、海浜は広がり、他に類をみないほどのよい土地であった。

淀川にそって「平野」を少しさかのぼったところに「三嶋江《みしまえ》」がある。このあたりでは淀川がしばしば流れを変え、典型的な氾濫平野をつくっている。河岸には対岸の「出口」に至る渡し場があった。古くから「三嶋江」「三島江浦」「玉江」などと呼ばれ、和歌の名所でもあった。『万葉集』には「三島江の玉江の薦《こも》を標《し》めしより己がとそ思ふいまだ刈らねど」(一三四八)、「三島菅《すげ》いまだ苗なれ時待たば着ずやなりなむ三島菅笠」(二八三六)などがある。

渡し場付近には茶店が軒を並べ、酒飯を売っていた。上り下りの船は昼夜を問わず行きかい、下り船は櫓《ろ》を、上り船は長短の綱をつかって引き船をしていた。挿絵(図5)の左方に

落由《おちゆ》かば志《し》のたの森の楠よりも千枝にわかれし淀川の水　力丸

と記されており、淀川が何本にも分かれ、また川筋をしばしば変えていたことが知られる。挿絵は淀川右岸から左岸を眺めたものであり、左が上流にあたる。綱や櫓

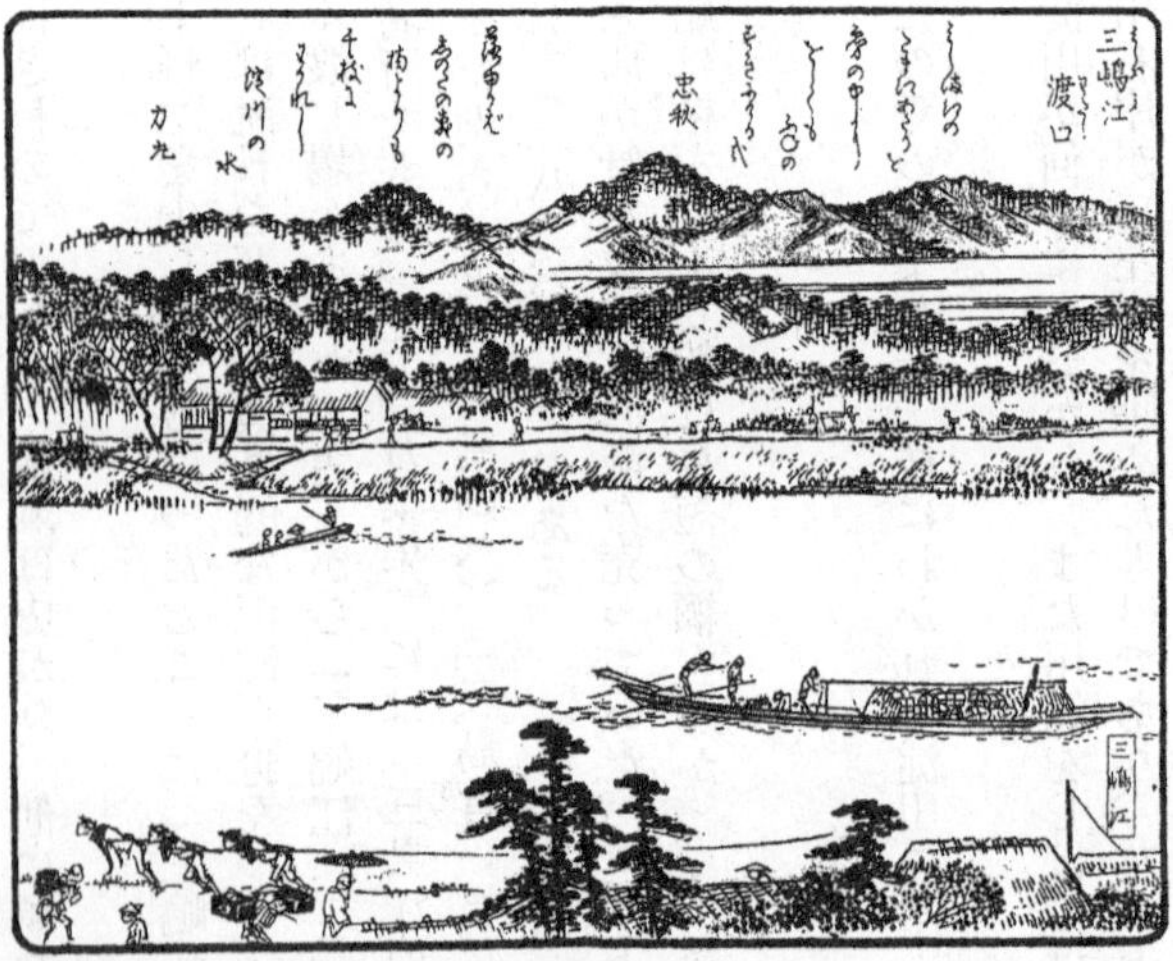

図5　三嶋江渡口付近の景観（『淀川両岸一覧』より）

を用いている様子がよくわかる。対岸には茶屋と渡し船がみえる。川幅は三三〇間（約六〇〇メートル）であり、両岸の堤防の上を荷物を背おったり、天びん棒をかついだり、さまざまな姿で往来している。

時代はさかのぼるが、『土佐日記』には

八日。……、とりかひのみまきといふほとりにとまる。
九日。こころもとさに、あけぬから、ふねをひきつつのぼれども、かはのみづなければ、ゐざりのみぞゐざる。

とある。鳥飼《とりかい》は「三嶋江」の少し下流部にあたる。淀川の流れは若干緩やかになるところであるが、このころから、すでに綱による引き船を行なっていたことがわかる。淀川はこのあたりで二、三本に分かれて流れていたはずであり、旧暦二月上旬のころは、流れる水の量が少なかったのである。

明治の地誌書から

近世の後半に、すでに「平野」という言葉が使われていたことは明らかになったが、明治初期はどうか、その使われ方についても簡単に述べてみよう。

ここでは明治以降に刊行された日本最初の地誌書といえる『日本地誌提要』（明治七〜十二年に刊行）を取り上げる。本書は八冊七十七巻からなっており、総論、帝都の東京、旧都の京都をはじめにあげたのち、五畿《ごき》七道《しちどう》六十八ヵ国について疆域《きょういき》、形勢、沿革、郡数、戸数、人口などが順を追って記されている。体裁は整っているが、挿絵の入った『名所図会』や『淀川両岸一覧』に比べると画一的で味気がない。土地に関する項について、地勢や地形でなくて「形勢」となっているのが興味ぶかい。たとえば、摂津《せっつ》国の「形勢」については、

平野東南ニ開キ、羣峯《ぐんぽう》西北ニ連リ、淀水其中ニ横貫シ、海湾其外ヲ抱擁ス。

地誌書らしく、表現は羅列的である。ここに見える「平野」は、『河内名所図会』の「平野」とは反対に、大阪（河内）平野の北寄りにおいて、淀川によって形成された氾濫原・三角洲および海岸砂洲（天満砂洲・吹田《すいた》砂洲）を指す。西北に連なる「羣峯」は北摂《ほくせつ》山地から六甲《ろっこう》山地に至る峰々であり、妙見山《みょうけんさん》、大峰山《おおみねさん》、六甲山、摩耶山《まやさん》などがその代表といえる。淀水は淀川を指す。

低地の「形勢」については、「平野」のみでなくて「平地」「平原」が使われている。たとえば、

大和国《やまと》　「南方一帯、疊嶂連亘《じょうしょうれんたん》、平地ヲ見ス」
常陸国《ひたち》　「南方平原多ク、衆水西来《しゅうすいせいらい》」
美濃国《みの》　「中央及西南平原多ク、木曾川貫流シ、灌漑ノ利アリ」

などの通りである。

以上で「平野」の意味と言葉の移り変わりがほぼ明らかになったので、次章では日本の平野の特徴について、考えてみたい。

第2章　日本の平野の特異性

世界の平野と日本の平野

ひとくちに「平野」といっても、その広さや生い立ちは実にさまざまである。たとえばアメリカのほぼ中央部に広がるグレートプレーンズは、南北の長さが二四〇〇キロメートル、幅が五〇〇〜一〇〇〇キロメートルもあり、その中に日本列島全体がすっぽりと入ってしまう。同じように、アメリカ西部の大盆地（グレートベースン）は、面積が四九・一万平方キロメートルもあり、それは面積三七・八万平方キロメートルの日本の国土よりはるかに広い。規模がまるっきりちがうのである。

日本の平野のほとんどは、河川が上流から運び出してきた土砂が下流に堆積《たいせき》してできたもの、すなわち河成《かせい》堆積平野である。ところが、グレートプレーンズのほか東ヨーロッパ平原、中国のトンペイ（東北）平原など世界の平野の大部分は、流水の浸食作用によってつくられている。しかもこのような浸食平野ができあがるまでに数千万年から数百万年もかかっているが、日本の平野の歴史はせいぜい一万年以下である。平野のでき方と歴史の長さが全く異なる。またアメリカ大陸や北ヨーロッパには、氷河の働きによってできた広大な氷食平野や氷堆積平野がみられるが、日本には存在しない。砂漠平野やカルスト平野についても同じことがいえるのである。

このようにして、世界全体からみると、日本の平野はきわめて特殊なものといえるが、比較はこれくらいにして、つぎに日本の平野の性質について簡単にまとめてみよう。

①平野の規模が小さく、しかも分散している。これは平野が湾や入江に流入する大小の河川の河口部に発達することによる。平野は山地の付属物にすぎない。②平野自体が小さいだけでなく、それが複雑で細かい地形によって構成されている。これは日本列島の地盤が不安定で、絶えず動いていること、それから洪水が激しいことなどによる。アトランタ周辺（アトランタ・オリンピックのマラソンコースとなった）で見られるようなローリングプレーンズや、ルイジアナ州からテキサス州にかけて広がるようなフラットプレーンズは存在しない。③平野の表面傾斜が急である。平野を扇状地型、氾濫原型《はんらんげん》、三角洲型《さんかくす》、ラグーン型に分けたばあい、扇状地型の平野がもっとも多い。そしてこのタイプの平野は中部地方に集中しており、太平洋《たいへいよう》側の安倍川《あべかわ》、富士川《ふじかわ》、大井川の下流域、日本海側の庄《しょう》川、黒部《くろべ》川、神通《じんづう》川の下流域平野がその典型である。

④平野の形成時期が新しく、しかもその形成に人間の手が加わっている。上流の山林が伐採されたり、地表面の植生がはぎ取られたりすると、洪水時の土砂流失量

氷堆積平野とセメント工場

流水の浸食によってできた平野の上に氷河が運んできた物質がのっている。中央にみえるのはセメント工場で、原料の石灰岩は地下から掘り出される。平野の表面は若干ローリングしている。オハイオ州のトレド南方。(1977年5月撮影)

が増え、平野の発達が促進される。またもともと乱流していた川筋を一本に固定すると、河床《かしょう》が周りの低地より高い天井川となり、河口付近では汀線《ていせん》の輪郭が円弧状から尖状《せんじょう》へと変化する。

平野の表面は、弥生《やよい》時代のころから居住や耕作によって、しばしばつくり変えられた。そして条里制の施行がその典型といえるであろう。その後の洪水などによって当初の土地割はえぐり取られたり、地下に埋没してしまったところが多いが、今もなお地表に残る土地割景観から施行規模の大きさを知ることはできる。比高の小さい段丘面では、四世紀末ころから地形改変がはじまった。規模の大きい池溝の築造による開田、大型古墳の築造などがその代表である。また山地や丘陵地の尾根や斜面に造られた群集墳は、下流の谷底平野の埋没を促進させた。

近世に入ると、西日本を中心に海面干拓が進み、全く新しい人工平野がつぎつぎと生まれた（一四七ページ図17参照）。そして第二次大戦後は、市街地周辺の「平野」に盛り土が行なわれ、農業的土地利用（一次改変）から都市的土地利用（二次改変）へと進んでいる。

以上で、日本の平野の一般的性格がだいぶわかったので、つぎにひとつの平野をモデルとして取り上げ、微地形の特徴と配列状態について見ていきたい。対象とし

南山城の天井川（防賀川）

17〜19世紀のころ、本流の木津川の河床が上昇したため、排水条件が悪くなり、いったん粘土を堆積させたのち、河床がいっきに上昇した。周りの平野より4〜5m高くなった河床に、水は全くみられない。

て選んだのは紀伊《きい》水道に面した徳島県の勝浦《かつうら》川下流域平野である。この平野は中流部に盆地をもつため、下流にまで運び出されてくる土砂の量はあまり多くない。そのため、下流の平野は緩やかな扇状地の前面に三角洲がくっついたような形をなしている。日本の各地でみられる標準的な平野のひとつといえる（五六～五七ページ図6参照）。

支流のつくる低地

勝浦川左岸域は、上流の宮井《みやい》低地と下流の丈六《じょうろく》低地に分けられる。宮井低地は、勝浦川の左への氾濫と西から流れ出してきた八多《はた》川およびその支流金谷《かなや》川の堆積によって現在のような形となった。

金谷川の水量は少ないが、低地への出口のところに扇状地を発達させている。これは上流の河谷が狭く、河床が急なためである。扇状地の堆積物は玉石や砂礫《されき》からなり、大部分畑地に利用されている。八多川もかなりの土砂を運び出し、天井川の傾向を示すとともに、両側に洪水の際に堆積してできた自然堤防を発達させている。八多川下流右岸の自然堤防は、低地の中央部より二メートルあまり高い。ここには古くから集落が形成され、自然がつくった微高地の上に、さらに盛り土されたり、輪郭が変形されたりしている。

勝浦川左岸の堤防沿いにも自然堤防、そして旧河道がみられ、勝浦川がしばしば氾濫したことがわかる。自然堤防の比高は一メートル前後であり、宅地のほか畑地となっている。これらふたつの自然堤防に囲まれた中央部が埋め残しの部分、すなわち後背低地《こうはいていち》である。ここは勝浦川が増水すると排水が不可能となり、しばしば湛水《たんすい》した。水深三メートルに達したこともある。後背低地の周りは少し高くなっており、南の山麓《さんろく》には規模の小さい崖錐《がいすい》ないし沖積錐《ちゅうせきすい》が、エプロン状に発達している。崖錐は、崩壊土砂が重力の働きによって急傾斜地を落下し、麓《ふもと》に堆積してできた地形である。傾斜が大きく角礫《かくれき》、砂、泥など大小の物質よりなっている。沖積錐は崖錐より傾斜が緩く、構成物が細かい。

標高六〇～七〇メートルの山地を隔てた北側に位置する丈六低地は、南側の宮井低地とおもむきを異にする。勝浦川の左への氾濫は同じように生じたが、多々羅《たたら》川が運び出してくる土砂の量が少ないため、埋め残しの部分が広い。地図には後背低地として示したが、今なおヨシやガマの茂る沼沢地が、かなり広がっている。

東方の緩扇状地の部分で、勝浦川の激しい氾濫が及ばなかった所には条里型の土地割が残っている。熊山《くまやま》の周辺がその例である。沼沢地を挟んで西方の渋野《しぶの》付近の

図6　勝浦川下流域平野の地形

神戸
大阪
淡路島
和歌山
徳島
勝浦川平野
N
大松
旧大松川
熊山
多々羅川
B
渋野
A
丈六
勝浦川
前
田浦
八多川
西原
宮井
井口
金谷川
後背低
山地
丘陵地
緩扇状地
旧河道
崖錐
沖積錐
自然堤防
ポイン
バー
扇状地
谷底平野
氾濫平野
三角洲

低地は、谷底平野である。谷底平野は山地、丘陵地あるいは台地を刻む河川沿いに発達するやや細長い平坦地《へいたんち》で、洪水時には滞水したり、激しい乱流が生じたりする。この低地の北部には、北から南に向けて半島状に延びる尾根が並び、そこに数多くの古墳が造られている。「渋野古墳群」と呼ばれ、山麓には全長一〇五メートル、後円部径六九メートル、後円部の高さ約八メートルを測る五世紀前半（推定）の前方後円墳「渋野丸山古墳」がある。

これらの古墳群や条里型土地割は、この地の開発が古代から進んでいたことを物語る。

緩扇状地から三角洲へ

勝浦川右岸は、ひとつのまとまった地形単位をなし、緩扇状地から三角洲へと徐々に移行している。緩扇状地は扇状地より傾斜が緩やかであり、細粒物質の占める割合が大きい。緩扇状地の部分には数多くの旧河道が刻まれている。旧河道には長期的なものと、洪水時に一時的に水が流れたものとの二通りがあるが、図6では一括して示した。北側の神田瀬川《かんだせ》や南側の芝生川《しぼう》につながるものは、かつての勝浦川の有力な分流の名残りであり、長い期間つづいた旧河道といえる。現在も周りの

勝浦川の旧河道（小松島市田野町）
かつての分流の幅は100mくらいあったが、現在は5〜6mの水路となり、両側がコンクリートの壁で境されている。集落の立地する平野の一般面と旧河床との比高は１mくらいである。

土地より数十センチメートルから一メートルほど低く、ほぼ中央の、もっとも低い部分に流水がみられる。

それに対して、勝浦川の堤防に近い旧河道は連続性に乏しく、洪水の際に一時的につくられたものが多い。このタイプの旧河道には細流が認められない。右岸の自然堤防は、一本の河川に沿って続くというよりは、網目状をなす旧河道に挟まれて島状に点在する。旧中洲《なかす》といったほうがふさわしい。ここでも、洪水堆積物の上に若干の盛り土が行なわれており、輪郭も不規則に改変されている。「自然堤防」と呼ぶほかないが、決して自然のままではないのである。

緩扇状地から三角洲に移り変わるあたりに特異な地形が認められる。新居見《にいみ》から芝生にかけての三つのポイントバーである。ポイントバー（適当な訳語がない）というのは、洪水の際にメアンダー（蛇行《だこう》）の屈曲が次第に鋭くなるにつれて、その内側（堆積斜面）に発達した微高地である。日本では、急な流れをもつ河川がふつうであるため、このようなポイントバーはめずらしい。

このあたりでメアンダーが激しくなった原因としては、低地の傾斜がいっそう緩やかになったことのほかに砂洲《さす》の存在が考えられる。砂洲によって流れがさえぎられたのである。また勝浦川の主流が北に移るにつれて、芝生川の水量が減少し、メアンダーの半径がより小さくなった。神田瀬川沿いにも小さいポイントバーが考えられるが、ここは人工改変が激しくてそれを読みとることはむずかしい。

三角洲の部分は、ほとんどが標高一メートル以下であり、起伏はない。道路や水路の外壁が、わずかに凹凸《おうとつ》をつくっているのみである。ただし、北部の神田瀬川河口周辺では、盛り土地が多い。

渚あたりの景

汀線付近には、波浪の働きによってさまざまなタイプの砂堆《さたい》が形成され、その背後に水域を残すことが多い。あとでよく出てくる地形に限って、簡単に解説しておこう。

浜堤《ひんてい》は、潮差《ちょうさ》が比較的少なく、波浪の大きい海岸で、波によって打ち上げられた砂礫堆《されきたい》である。高さは一般に二〜三メートル。幅はさまざまであり、何本も並行して発達することが多い。砂丘は、砂浜や浜堤から風によって運ばれた砂からなる小高い丘で、比高が大きく三〜四メートル以上、場合によっては一〇メートルをこえることもある。自然の状態では松林になることが多い。

ラグーンは、砂堆の背後に細長く延びている狭くて浅い水域である。これは潮の干満差が二メートル前後以下で、風波のかなり強い海岸に形成される。潮の干満によって汀線は若干移動するが、ラグーンの底の傾斜がわりあい急なため、汀線の水平的移動はあまり大きくない。干潮時にも一部に水域が残っている。沿岸洲《えんがんす》は、ラグーンや浅海を隔てて、海岸にほぼ平行して細長くつづく砂堆である。高さは一〜三メートルで、ところどころ切断され、連鎖状につづくものが多い。切断されたところは潮口《ちょうこう》と呼ばれる。

以上に対して、干潟《ひがた》は潮間帯《ちょうかんたい》にみられる広くて平らな低地である。シルト（泥）や粘土など細かい物質からなり、満潮時には海面下に没し、干潮時には再びあらわれる。

話をもとに戻そう。勝浦川下流域平野の海岸砂洲はどのようになっているのであろうか。この平野の砂洲は、三つの系統に大別することができる。もっとも内側の砂洲は、北方の日峰山《ひのみね》麓から南に向かうものである。当初は、もっと南のほうにまで延びていたと思われるが、旧勝浦川の分流によって削り取られて、現在は中田《ちゅうでん》付近にわずかに残るのみとなっている。ここは周りより一メートルあまり高くて、土地が安定しているため、豊国《とよくに》神社、成願寺《じょうがんじ》など由緒ある社寺が多い。

つぎは、芝生川右岸の芝生から平田《ひらた》をへて白砂《しらすな》あたりに至るものである。これはさらにいくつかの系統に分かれるが、いずれも周りの低地（三角洲・旧ラグーン）より五〇～一〇〇センチメートル高くなっており、ここに宅地や畑地が存在する。これらの砂洲は、海がここまで入っていたころに形成されたものであり、弥生時代から古墳時代のころには、砂洲背後のラグーンが船着き場となっていたと考えられる。付近の山麓には古墳が多く、銅鐸《どうたく》も出土した。西方の渋野と同様、当時の生活や交流のひとつの拠点をなしていたと考えてよい。白砂という地名が、砂洲の特徴をよくあらわしている。

幅一・五キロメートル前後の三角洲を隔てて東方に、北の元根井《もとねんい》付近からスムースな弧を描いて南ないし南南東に延びる砂洲がある。これはもっとも新しく、現在の海岸線をなしている。幅は一〇〇～一五〇メートル、高さは二〇〇～二五〇センチメートルである。もともと元根井・横須《よこす》間は連続していたが、旧勝浦川が運び出してくる土砂によって砂洲背後が埋められ、陸化が進んだ結果、大きい洪水の際に神田瀬川によって切断されてしまった。十七世紀以前であろう。これは、後に述べる対岸の紀ノ川河口とよく似ている。

これらの砂洲が形成された年代は明らかでないが、淡路《あわじ》島《しま》の三原《みはら》平野その他の例から判断すると、もっとも内側の砂洲が六五〇〇～六〇〇〇年前、中間のものが三

表1　砂洲の形成期

地　域	内　側	中　間	外　側	研究者
ニュージーランド	4000〜3000	2000〜1500	500	スカフィールド
ルイジアナ	6500〜2500	4000〜1200	520	シェパード
九十九里浜	6500〜2500	4000〜3000	2000〜1500	森脇 広
三原平野	7500	2600	1500	高橋 学
山口県	縄文早期	縄文時代後期前半	古墳時代	小野忠凞

3条に分かれているのが普通である。(上の4例は絶対年代で示す)

〇〇〇〜二五〇〇年前、そしてもっとも外側のものが二〇〇〇〜一五〇〇年前に形成されたものと考えられる（表1参照）。

平野の地下を探る

地表で認められる地形と、そのあたりの地下を構成する物質（表層地質）とはうまく対応する。それは地形が堆積環境をよく反映しているからである。たとえば扇状地、自然堤防、砂洲などは砂や礫《れき》の占める割合が多く、三角洲、後背低地、ラグーンなどはシルトや粘土が主体をなす。ここで二〜三の地点について、具体的にみてみよう（図7参照）。

そのひとつは、勝浦川左岸の丈六低地のほぼ中央部である。すでに述べたように、ここは多々羅川の運び出してくる土砂が少ないため、埋め残しの湿地が広がっている。

後背低地のほぼ中央部（図6のA地点）では、地表面から深さ一〇メートルあまりまではずっと粘土層であり、上層部に有機物を含んでいる。この有機物が沼沢地の特徴をよく示す。粘土層の下はよく締った砂礫となっているが、この層は最終氷期（約五〜二万年前）の陸上堆積物と考えてよい。現地表面下一〇メートルあまりのところが、約二万年前の地表面だったのである。

放射性炭素の年代測定結果（三好教夫氏）によると、地表下三一〇〜三二〇センチメートルのところの有機物（腐植土）の年代は四四二〇±八五年となっている。ここでは、およそ四四〇〇年間に湿地性の堆積物が三メートルあまり堆積した計算となる。

この地点の東方約八〇〇メートルのところの地質資料（B地点）を見ると、地表下六・五〜一二メートル付近に貝殻片を混じえている。縄文の海がこのあたりにまで侵入していたことがわかる。貝殻片を含む地層の上部は、より新しい時代の扇状地堆積物である。勝浦川が左に溢《あふ》れたことがよくわかる。深さ一四〜一七メートルのところにも粘土層が堆積しており、そこに木の葉がかなり含まれている。このあたりでは、ほぼ七五〇〇年前以降、堆積環境がかなり変化したことが知られる。

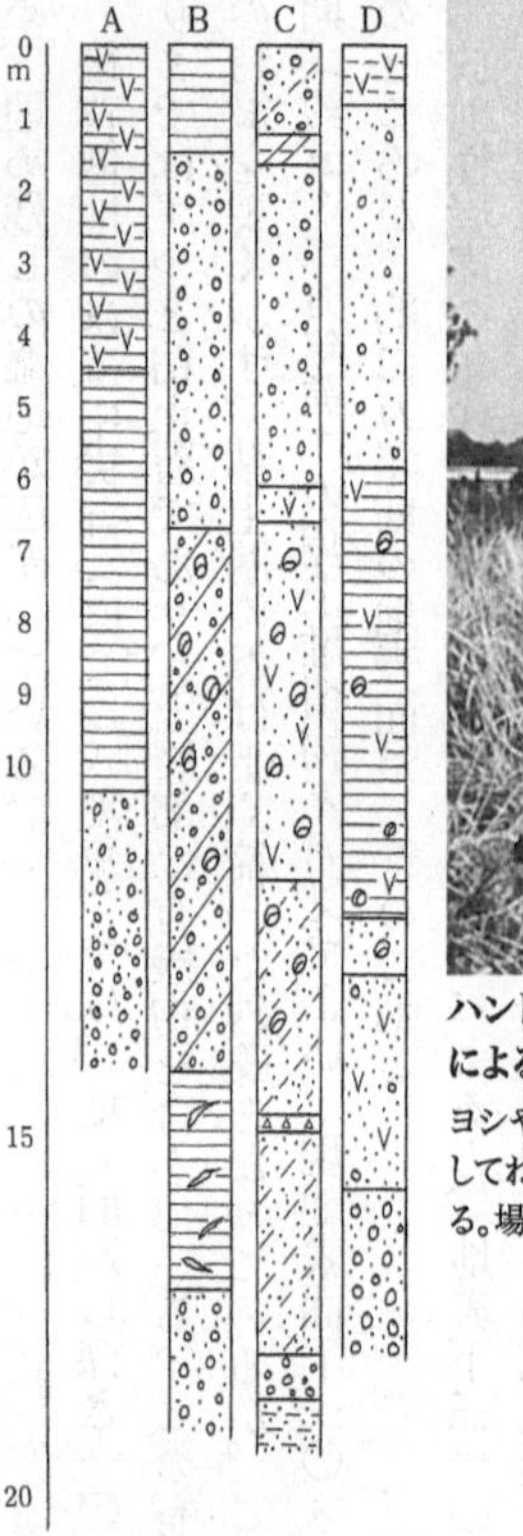

図7　地質柱状図

Aは湿地の環境を示す。B・C・Dでは深さ6〜13m付近に貝殻があり、海が侵入したことが知られる。Cの深さ15mあたりの△印は火山灰である（場所については図6参照）。

ハンド・オーガー（先が管になった細い鉄の棒）による資料の採取（丈六団地付近）

ヨシやガマの茂る湿地では、この鉄の棒を継ぎ足してねじ込み、地下から分析用の資料が採取される。場所は図6（56ページ）のA地点付近である。

C地点は緩扇状地の末端に近い。ここも堆積環境の変化が激しかった。地表から六〜七メートルのところまでは扇状地堆積物であり、その下にB地点と同様、貝殻片が認められる。注目すべき点は、深さほぼ一五メートルのところに火山灰が介在していることである。この火山灰をアカホヤ（約六三〇〇年前に噴出した鬼界アカホヤ火山灰）と仮定すると、ここでは過去約六三〇〇年間に一五メートルほどの土砂が堆積したことになる。当時、このあたりの水深は一五メートル前後であった。

最後は砂洲外側の海底から採取した資料（D地点）である。水深九・一メートルの海底には、厚さ八〇センチメートル前後の黒灰色のヘドロが堆積し、その下は厚さ約五〇〇センチメートルの砂層である。これは海岸砂洲を構成するもので、中砂を主体とし、直径二〜三センチメートルの円礫《えんれき》を混じえている。その下は粘性土から砂質土へと続き、その中に有機物や貝殻片を含んでいる。この地質資料から、かなりの水深をもつ湾の入口に砂洲が発達した様子がよくわかる。

限られた資料ではあるが、以上のことから過去約八〇〇〇年間における地形（堆積）環境の変化は場所により、また時代によって異なることがほぼ明らかになった。つぎに、再び地域を広げ、地形変化の跡を史料から辿《たど》ってみよう。

第3章　平野は変わる

急速な変化

平野の地形を変化させる働き（営力）は、大きく三つに分けられる。そのひとつは地殻変動（地震など）や火山活動のような地球内部からの働きである。つぎは流水・風・氷河・波浪など、地球の外側からの働きによるものであり、日本では流水と波浪が主に関係する。第三は人力（人為）であり、人びとは使用する道具を、より強力なものにとりかえることによって、地形改変の規模と範囲を拡大させつつ現代に至った。

このような地形変化には、突発的なものとかなり緩慢なものとがある。突発的な変化はしばしば災害と結びつくが、ここではそのような地形変化からみていくことにする。

是《こ》の月に、筑紫国《つくしのくに》、大きに地震《なゐふ》る。地裂《つちさ》くること広さ二丈、長さ三千餘丈。百姓《おほみたから》の舎屋《やかず》、村毎に多く仆《たお》れ壊《やぶ》れたり。

（『日本書紀』天武天皇七年〔六七八〕十二月条）

ここには、地震の発生した国名、地形変化の性格と規模、それから被害の実態までが、かなり具体的に記されている。すなわち、九州北部の筑紫国（福岡県）では、大規模な地震が発生し、幅約六メートル、長さ約九〇〇〇メートルにわたって地割れ（断層）ができるとともに、各村では農家の建物の多くが倒壊した。この文章のみからでは、被害の発生した地形的な位置はわからないが、山麓《さんろく》付近から平野にかけてと考えてよいであろう。

火山爆発については、

去《いぬ》る三月四日戌《いぬ》の時、大隅国《おほすみのくに》贈於郡《そおのこほり》曾乃《その》の峰の上《へ》に当りて、火炎大きに熾《さかり》にして響《ひびき》は雷《いかづち》の動くが如し。亥《ゐ》の時に及びて火光、稍《やや》に止みて、唯黒烟のみを見る。然《しか》して後に沙《いさご》降《ふ》ること、峰の下五六里。沙石《いさごいし》委積《ゐせき》すること二尺《さか》ばかり。其の色黒し。

（『続日本紀』延暦七年〔七八八〕七月条）

場所は大隅国（鹿児島県）である。噴火が二時間ほどつづいたのち、火山灰が火口から半径五〜六里（二〇〜二四キロメートル）にわたって、厚さ二尺（六〇センチメートル）ほど堆積《たいせき》した。ここには、火山噴火による災害については記されていないが、火山灰によって農作物や民家に多大の被害があったことはほぼ間違いない。

豪雨による突然の地形変化としては、

因幡《いなば》国言《もお》さく、「去《いぬ》る六月廿九日、暴雨ありて山崩れ水溢れ、岸谷地を失して人畜漂流《にんちくへうる》し、田宅《でんたく》損害して飢饉せる百姓《おほみたから》三千餘人あり」と。

（『続日本紀』宝亀十年（七七九）八月条）

因幡国（鳥取県）としては、稀《まれ》にみる豪雨であった。斜面崩壊がおこり、崩壊土砂が川を堰《せ》き止めたこともあって、対岸の狭い段丘もしくは崖錐《がいすい》のような地形を押し流した結果、その付近にあった民家や農地に大損害を生じたのである。狭い谷底平野の水害の典型といえる。ほぼ同じような災害は遠江国《とおとうみ》（静岡県）でも、霊亀《れいき》元年（七一五）におこっているが、こちらは地震にともなう斜面崩壊によって天竜川《てんりゅう》が一時的に堰き止められたためである（『続日本紀』）。

時代はかなり下るが、鴨長明《かものちょうめい》が著わした『方丈記』には左のようなくだりがある。

……おびたゞしく大地震《おおなゐ》振《ふ》ること侍りき。そのさま、世の常ならず。山は崩れて河を埋み、海は傾《かたぶ》きて陸地《ろくじ》をひたせり。土さけて水わきいで、巌《いわお》われて谷にまろびいる。……都のほとりには、在々所々、堂舎塔廟《どうしゃとうびょう》、ひとつとして全《まった》からず。或は崩れ、或は倒れぬ。塵灰《ちりはい》立ち上《のぼ》りて、盛りなる煙の如し。地の動き、家の破るゝ音、雷《いかづち》にことならず。……かくおびただしく振る事は、しばしにてやみにしかども、そのなごりしばしば絶えず。

この地震は、元暦《げんりやく》二年（一一八五）七月におこった。津波の様子は「海は傾きて陸地をひたせり」と、そして断層は「土さけて」となっている。建物の被害も激しく、余震がしばらく続いた。

緩慢な変化

地震や火山爆発による衝撃的な変化に比べると、三角洲《さんかくす》やラグーンのような流れの緩やかなところの地形変化はきわめて遅い。人びとによって感知されにくいこともあって、史料も少ない。数少ない史料のなかから二〜三の例をあげ、地形環境の移り変わりを辿ってみよう。

日頃難儀と思ひける八《はっ》箇《か》所《しょ》の湖水、今年の洪水にて皆瀬替りて干潟となり、…

⋮

ふる沼の浅き方より野となりて蘆間にまじるスス キ一村　（三好長慶の連歌）

（『応仁後記』）

ほぼ同じ場所である、淀川下流域（現在は寝屋川《ねやがわ》流域）の中世における景観変化の一端を示す。はじめの文章は、河道の変遷によって沼沢地が干上がったことを示す。洪水によって新しい河道ができたとき、その河床に浸食と低下があったことが知られる。比較的速い変化といえる。それに対して後の歌は、きわめて緩慢な地形（景観）変化である。沼沢地の水位が低下するにともなって、周辺部より陸化が進み、干上がったところにススキが茂るようになった。当時このあたりには、陸地とも水域とも区別のつけにくい環境が広がっていたのである。

内容のほとんど変わらない連歌がある。右の歌を真似た感がつよいし、あまりうまいとも思われないが、地形的位置と地形のタイプが全く異なるので左にあげてみよう。

古き沼の浅きかたより野となりてすすきにまじる蘆の一もと　（安宅木摂津守冬康）

よまれた場所は、堺市北庄《きたしょう》（現材木町《ざいもく》）の妙国寺《みょうこくじ》付近と考えられる。ここは河跡湖ないし後背低地ではなくて、海岸砂洲《さす》背後の旧ラグーンである。前方からの砂丘飛砂《ひさ》によってラグーンが埋積されて浅くなり、やがて陸化したところにススキが茂ってくるというのである。観察が正しければ、当時陸化の程度は八箇所よりこちらのほうが進んでいたといえる。ススキがアシより優勢なのだから。今では人工的におおわれてしまったこの地にも、かってはこのような自然の動きのあったことを静かに思いおこすべきであろう。

念のために、もう少し長い時間でラグーンの景観変化のあとを辿ってみよう。場所は堺市の北に続く住吉大社の門前付近である。

住吉の粉浜《こはま》のしじみ開けも見ず隠りにのみや恋ひ渡りなむ（『万葉集』九九七）

粉浜（大阪市住之江《すみのえ》区）は、住吉大社の北隣りにあたる。この「しじみ」は、汽《き》水《すい》（塩水と淡水の中間の性質をもつ水）に棲《す》むヤマトシジミと解される。もしそうだとすれば、ここに海に通じるラグーンが存在したことが、いっそうはっきりする

（二五ページ図1参照）。ラグーンは細長いクサビ状をなして、住吉大社門前の崖下《がけした》から、さらに北の方に延びていた。このようなラグーンの状態が、その後もしばらくの間つづいていた様子は、つぎの歌からも知ることができる。すなわち、

五月雨のなほ住の江に日をふれば海より池に通ふしらなみ　（『拾玉集』）

十四世紀の中葉、すなわち南北朝のころ住吉大社の門前付近は、まだ池ではなくて細江《ほそえ》（現在の細井《ほそい》川）によって海に通ずるラグーンをなしていたが、このラグーンが住吉大社にとって池の役割を果たしていた（社殿からは池のように見えた）ため、池という語でうたわれたのであろう。いつのころにラグーンから池に変化したのか知るよしもないが、十八世紀末に著された『摂津名所図会』には、独立した池として描かれており、図右下の角を流れる細井川と住吉大社門前の池との間には田が広がっている（図8参照）。

細井川の川岸には桜が植えられているようであり、住吉大社門前を南北に走る紀《き》州《しゅう》街道には松並木が見える。ほぼ中央部に「御田《おんだ》」が見え、このころの池は「御《おん》田《だ》」の南の端付近まで延びていたが、現在ではさらに縮小された池の真中に、朱塗

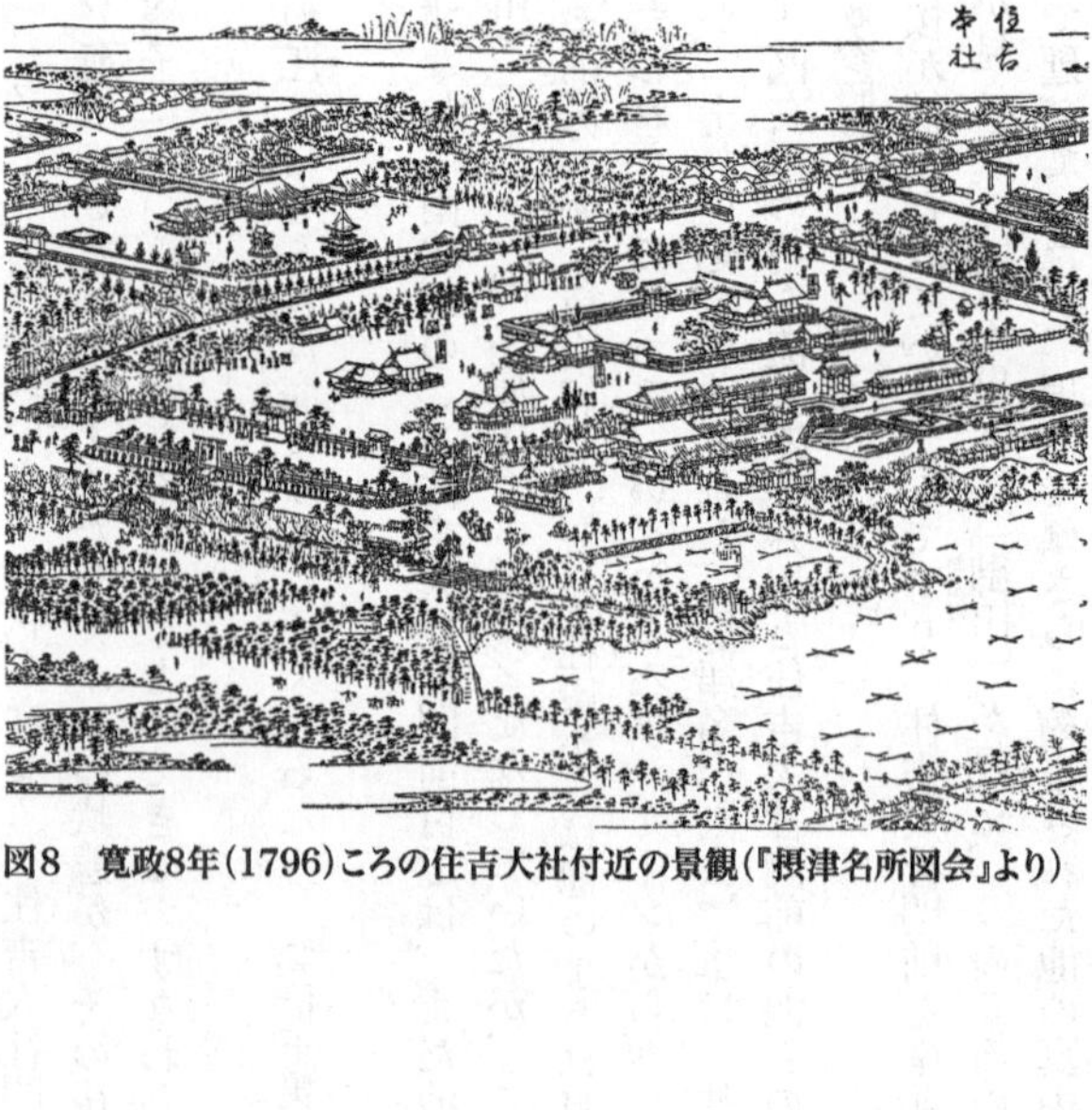

図8　寛政8年(1796)ころの住吉大社付近の景観(『摂津名所図会』より)

住吉大社門前の池と反橋

この池は、古代のラグーンの名残りで、古墳時代から古代にかけての要港「住吉津」は、この池の南端付近に位置していた。ここがラグーンから独立した池に変わるのは14世紀の中葉以降である。

りの美しい太鼓橋「反橋《そりはし》」がかけられ、ひとつの名所となっている。

以上、地質資料のほかに和歌、連歌、紀行文などを用いて景観変化の一端を垣間見てきた。景観がこのように変化するため、過去のさまざまな時代の歴史を明らかにするばあい、当時の景＝原景観を再構成することがどうしても必要となる。そのような作業は「ふくげん」と呼ばれるが、ここではこの「ふくげん」という言葉について少し考えてみよう。

復原と復元

「ふくげん」という言葉は、古くから歴史地理学の分野で使われており、「復原」という字があてられてきた。ところが、最近になって歴史地理学以外の分野においてもこの言葉が使われるようになった。それは考古学者の目が物から場所へ、歴史学者の目が政治史・文化史などから地域史や環境・景観などにも向けられる傾向がつよまってからのことのように思われる。

「復原」と「復元」の両方が使われているが、「原」と「元」の意味は同じなのであろうか。手元にある小さい国語辞典をひろげてみると、〝ふくげん〟の項に「復元・復原」と並記してあった。同じ意味ということらしい。念のために『字統』

表2　「復原」と「復元」の割合

	地理学		考古学		日本史	
	復原	復元	復原	復元	復原	復元
1955〜69	3					
1970〜74	3					
1975〜79	3		2		1	
1980〜84		1		1	1	1
1985〜89	4		6	2	3	3
1990〜95	4	2	3	2	2	

（白川静）をみると、「元は首をあらわす」「原は水源の意をあらわす」と解説してあり、さらに「元の字は原・玄と通じ……」とも記されていた。意味は大して違わないようだが、やはり気になるので、今度は手持ちの地理学、考古学、日本史関係の文献からその使われ方について調べてみることにした。

取り上げたのは四〇冊ほどであり、そのなかには論文集や講座本もある。一九七〇年以降は五年ごとに分けてみた。数が限られているため、これから一般化はできないが、いくつかの傾向はつかめる（表2参照）。すなわち、「復元」という言葉は一九七〇年代末まではみられなかったが、八〇年代に入ると地理学のほか考古学や日本史の分野でも、かなり頻繁に使われるようになる。まとめてみると、地理学ではやはり「復原」が圧倒的に多いが、考古学や日本史の分野では「復原」と「復元」がほぼ二対一となっている。地理学に限っていえば、昭和一ケタ以上の年齢の人は「復原」をかたくなに使いつづけているが、戦後派になると、「原」と「元」の両方が出てくる。いくつかの表現例をあげてみよう。

まず地理学では、「古気候および植生復原の主役である花粉分析によれば」「人類をとり巻く古環境を復元するには」など。つぎに考古学では「竪穴《たてあな》住居を復原した実例では」「当時の植生を復元することで人間の活動の背景を知る」など。そして日本史では「完全な条里の復原は今後に残されている」「古墳の復元・整備事業は」などとなっている。

以上で明らかなように、「原」と「元」とが何かの基準をもって使い分けられているとは思えない。編集担当者がなげくのも無理からぬところである。たとえば植生については「原」と「元」の両方が使われており、また「竪穴住居の復原」「古墳の復元」といった具合である。意味があまり違わないのであれば、どちらを使っても一向にかまわないではないか、ということかもしれない。

しかしながら、やはり言葉にこだわりたい。それは、単一体（個体）に対しては「元」、複合体には「原」を使うのが望ましいということである。土器のかけらをしっくいなどでつなぎ合わせて元どおりの形にするのは「元」、一戸の家屋や道具類にも同じことがいえる。それに対して、家屋とその周りの生垣、耕地や水路までもまとめて再構成するばあいは「復原」ということになる。元どおりにはならないが、原景観（原風景）にできうる限り近づこうとする作業だから。

昔の汀線《ていせん》（ショア・ライン）を押さえるのは「元」だが、海岸（コースト）付近の景観を描き出すのは「原」がふさわしい。前者はまさにラインだが、後者のばあいは砂洲をつくる砂の粗さやそこに生えている草木の種類、さらに背後のラグーンの様子までが解明の対象となるからである。

図9　沼の中から発見された木造の寺院

オランダの青銅器時代のものである。（A.M.ランバート、1985より）

言葉へのこだわりはこれくらいにして、第4章以下では各地の平野や海岸の景を具体的に復原し、そこで展開された人びとの生活の様子について検討してみよう。

第4章　段丘と古代の開発

第4章　数と古人の関数

段丘について

谷底平野、扇状地、氾濫原《はんらんげん》、三角洲《さんかくす》などに浸食が復活して下刻《かこく》（流水による下方への掘り下げ）がおこると、元の堆積《たいせき》面は新しくできた平野面より一段高い面としてとり残されることになる。これが段丘である。段丘は平坦《へいたん》な段丘面（旧堆積面）と周りの急な段丘崖《がい》とによって構成されている。谷底平野や氾濫原が開析されてできた地形は河岸段丘、扇状地や三角洲が隆起したのちに開析されてできた地形は隆起（開析）扇状地・隆起（開析）三角洲と呼ぶのがふつうである。

このようにして、段丘面は現在の沖積平野面より数メートルから十数メートルほど高くなっているため、洪水の際に浸水や水没の危険にさらされることが少ないかわりに、耕作のための灌漑《かんがい》が困難である。そのため開発は遅れたが、四世紀末のころから大規模な開発が進むようになる。初期の例として、福岡県の那珂《なか》川中流域右岸の河岸段丘をまず取り上げてみよう。

裂田溝と活断層

『日本書紀』神功《じんぐう》皇后摂政前紀に

> 爰《ここ》に神田《みとしろ》を定めて佃《つく》る。時に儺《な》の河の水を引《まか》せて、神田に潤《つ》けむと欲《おもほ》して、溝《うなで》を掘る。迹驚岡《とどろきのをか》に及《いた》るに、大磐塞《おほいはふさが》りて、溝を穿《とほ》すこと得ず。皇后、武内宿禰《たけしうちのすくね》を召して、剣鏡《たちかがみ》を捧げて神祇《あまつかみくにつかみ》を禱祈《いの》りまさしめて、溝を通さむことを求む。則ち當時《とき》に、雷電霹靂《かむとき》して、其の磐《いは》を蹴《ふ》み裂《さ》きて、水を通さしむ。故《かれ》、時人《ときのひと》、其の溝を號《なづ》けて裂田溝《さくたのうなで》と曰ふ。

とある。「儺の河」は、福岡県の那珂川市を南から北に流れ、博多《はかた》湾に注ぐ那珂川と考えてよい。「迹驚岡」は、那珂川右岸の安徳台《あんとくだい》を指すのであろう（図10参照）。この水路は「一の堰手《いで》」から低い段丘面（Ⅱ面）に揚げられ、山麓《さんろく》付近を東北に向かってしばらく流れたのち、裂田《さくた》神社に至る。この間に西方の段丘面が灌漑された。裂田神社を過ぎると、今度は少し高くなった段丘面（Ⅰ面）にきわめて深い谷をうがって流れるようになる。長さ約五〇〇メートルの狭谷部を過ぎると、再び平坦部に出る。

この水路の開削に当たっては、「一の堰手」で那珂川の水を段丘面に揚げる地点と、裂田神社（B）あたりからCを経て針口（D）に至る約五〇〇メートルの間が、かなりの難工事であったはずである。現在では、「一の堰手」付近の河床が低下し、

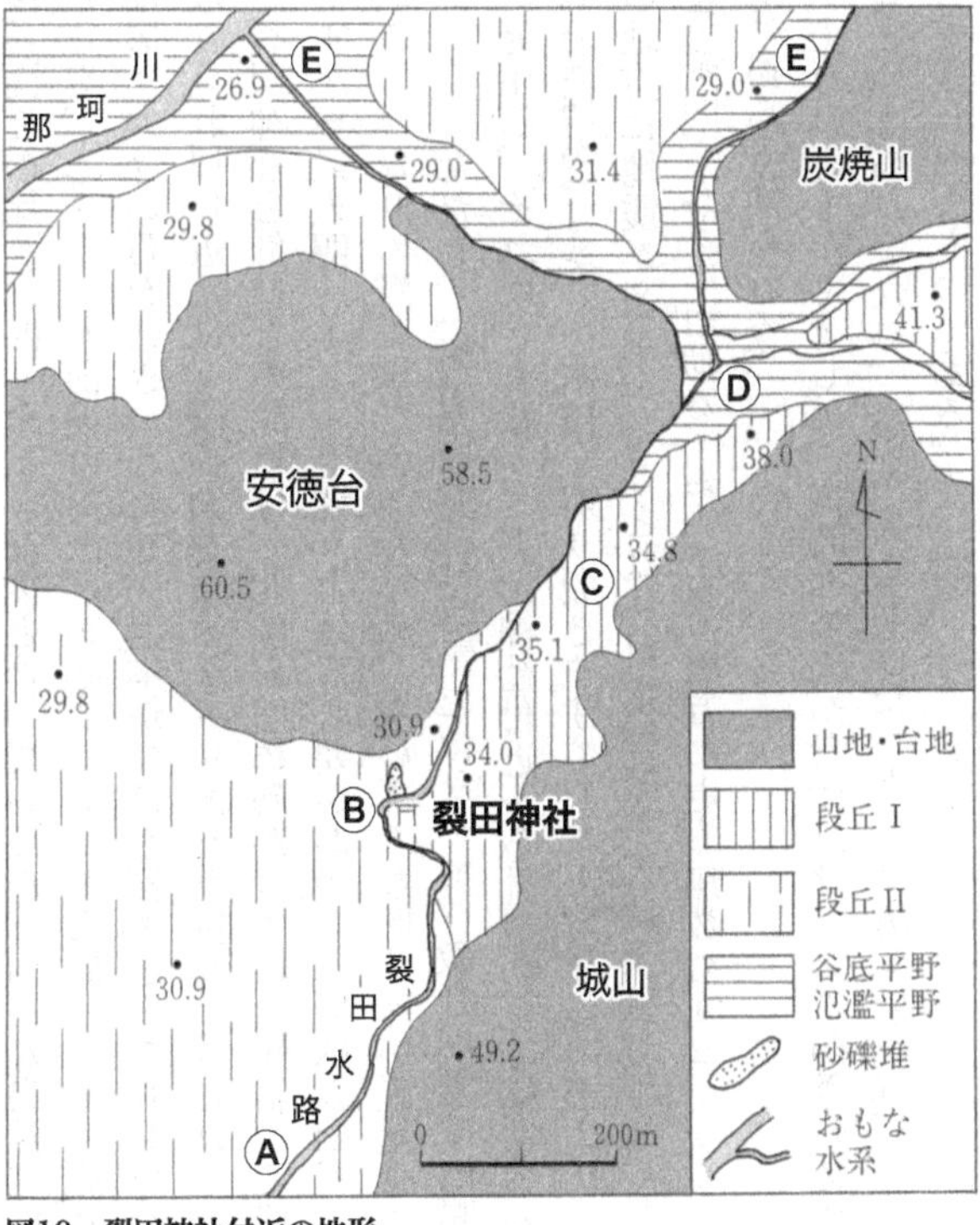

図10　裂田神社付近の地形

安徳台と城山との間は地溝状の地形をなす。そこに広がる段丘I面はD付近からBに向かって徐々に低下しているが、「裂田溝」は表面傾斜とは逆の方向に掘られた。その結果、新しい谷はC―D間でもっとも深い。D地点付近およびその下流では、「裂田溝」開削後の下方浸食が著しく、D－E間でも段丘II面と谷底平野面との比高は2mあまりとなっている。用水の取り入れ口「一の堰手」はAの西南約800mのところにある。(数字はm)

段丘面との比高は四メートル前後となっているが、河川が自然状態であった当時としても、二メートル前後の嵩上《かさあ》げが必要であったと思われる。流れに斜行するような形に大きい石を敷きつめたり、何本かの杭《くい》を打ち込んで井堰《いせき》をつくるとともに、取り入れ口付近では、段丘面を一メートルあまり掘り下げたはずである。

裂田神社と針口との間では、北から南に向かって緩く傾斜する段丘面を、二メートルから最大四メートルも掘り下げる必要があった。阿蘇火山の噴出物であるとはいえ、かなりの難工事であったため、右のような興味深い説話を生むに至ったのであろう。ただし、「雷電霹靂」は落雷ではなくて、激しい光や地鳴りとともに地震が発生し、それにともなって裂田神社付近から針口に至る構造谷が再度動いて（新しい断層ができて）、水路を切り開きやすくしたと解するのがよい。古代においてこの地方に地震が多かったことは『日本書紀』天武《てんむ》天皇七年（六七八）十二月条の「筑紫国、大きに地動《なゐふ》る」や、この地方に走る無数のリニアメント（地形の線状構造）からも知られる。

それはともかくとして、当時の技術からすれば、ここがきわめて難工事であったことはまちがいない。「雷が人を助けた」という美しい話は、いつまでもロマンとして残したいものである。

那珂川右岸を流れる裂田水路
この水路の起源は、4世紀後半に開削された「裂田溝」に求めることができる。

針魚大溝のルートを探る

このあたりで、舞台を九州北部から畿内に移そう。場所は大阪市の南に当たる。すでに述べたように、東方の古市《ふるいち》古墳群付近から、西方の百舌鳥《もず》古墳群付近にかけて広がる地形面は、旧石川のつくった巨大な扇状地が、その後開析された結果できたものであり、開析扇状地と呼ぶのがよりふさわしいが、ここでは慣例にしたがって段丘として話を進めたい。旧扇状地面を刻んだ河川としては廿山川《つづやま》（現東除《ひがしよけ》川）、天野川《あまの》（現西除《にしよけ》川）などがあり、これらの河川によって旧扇状地は三つの系統に大きく分けられる（二五ページ図1参照）。

もっとも東の面は、現在、古市大溝《おおみぞ》と呼ばれている水路によって、また中央の下流部は「針魚《はりお》大溝」によって灌漑（開田）が可能となった。そして最も西よりの広い面と中央の面の上流部は、のちに狭山《さやま》池が築造された結果、灌漑が可能となったのである。

ここでは「針魚大溝」を取り上げてみよう。この大溝は、『日本書紀』ではなくて『住吉大社神代記《じんだいき》』に出てくる。

我が田我が山に、潔浄水《きよらけき》を錦織《にしごり》・石川・針魚川より引漑《ひきかよ》はせて、榊《さかき》の黒木を以て能く吾に斎祀《いわいまつ》れ。仍《よ》りて御田《みた》に引漑《ひきそそ》がむと欲《おぼ》し、針魚《はりお》をして溝谷《うなで》を掘り作らしめむと思召す。大石小石を針魚掘り返して水を流し出でしむ。亦、天野水《あまののみず》あり、同じく掘り流す。水の流れ合ふ地を川合《かはひ》と云ふ。

右の史料にみえる「山」はマウンテンではなくて、段丘上の未開墾地を指す。また「針魚川」は、羽曳野《はびきの》丘陵西斜面の水を集めて北に流れていた小河川であり、近世の史料には「廿山川」と記されている。「天野水」は天野川である。そして「川合」は西除川の左岸に現存する「河合」集落を指すと解することができる。「裂田溝」と違って、この水路は完全に化石のようになっているため、空中写真や地籍図、さらに表層地質の調査から、わずかに検出しうるのみである。検土杖《けんどじょう》で調べた結果、当時の水路の幅は六〜八メートル、深さは一五〇センチ以上であった。また溝渠《こうきょ》を暗示させる小字名としては、推定されるルートに沿って「東流」「中流」「西流」「長溝」などがある。現在、大溝が残る段丘面と東に下りた東除川沿いの低地（狭い谷底平野）との比高は三メートル以上となっているが、築造当時はもう少し小さかったと考えられる。

「針魚川」の水は、約四五〇メートル上流のA地点（図11参照）付近から取り入れられ、段丘崖下《がいか》をBからCにまで導き、ここで段丘面の上に堰《せ》き上げられた。A地点では小さな井堰《いせき》がつくられ、CからDに至る段丘面上では一五〇センチ以上掘り下げられたと考えられる。

東方の古市大溝に連なる「感玖《こむく》大溝」や西方の「依網《よさみ》池」の築造などから総合的に判断すると、この水路が開削されたのは五世紀の前半であり、「裂田溝」より遅れること約五〇年ということになる。なお、「裂田溝」が開削された年代は、近くの安徳大塚《あんとくおおつか》古墳の築造年代から、四世紀の後半とされている。

「針魚大溝」が機能を失った時期として、六世紀末がまず考えられる。このころ、上流部に狭山池が築造された結果、下流での大溝の必要度が低下した。また上流部での段丘面の開発にともなって、廿山川の浸食が増大し、河床が低下したため取水が著しく困難となったはずである。もうひとつの時期として、慶長年間（一五九六〜一六一五）があげられる。このころ狭山池では大改修が行なわれ、それにともなって廿山川の上流につながる「東除《ひがしよ》げ」が新しく開削された。その結果、洪水の際には「東除げ」から送り込まれた大量の水によって、廿山川の河相がいっそう悪化

「針魚大溝」のルート付近の現景観
中央の田の右寄り（上流側）の地下に「針魚大溝」が埋没している可能性が大きい。

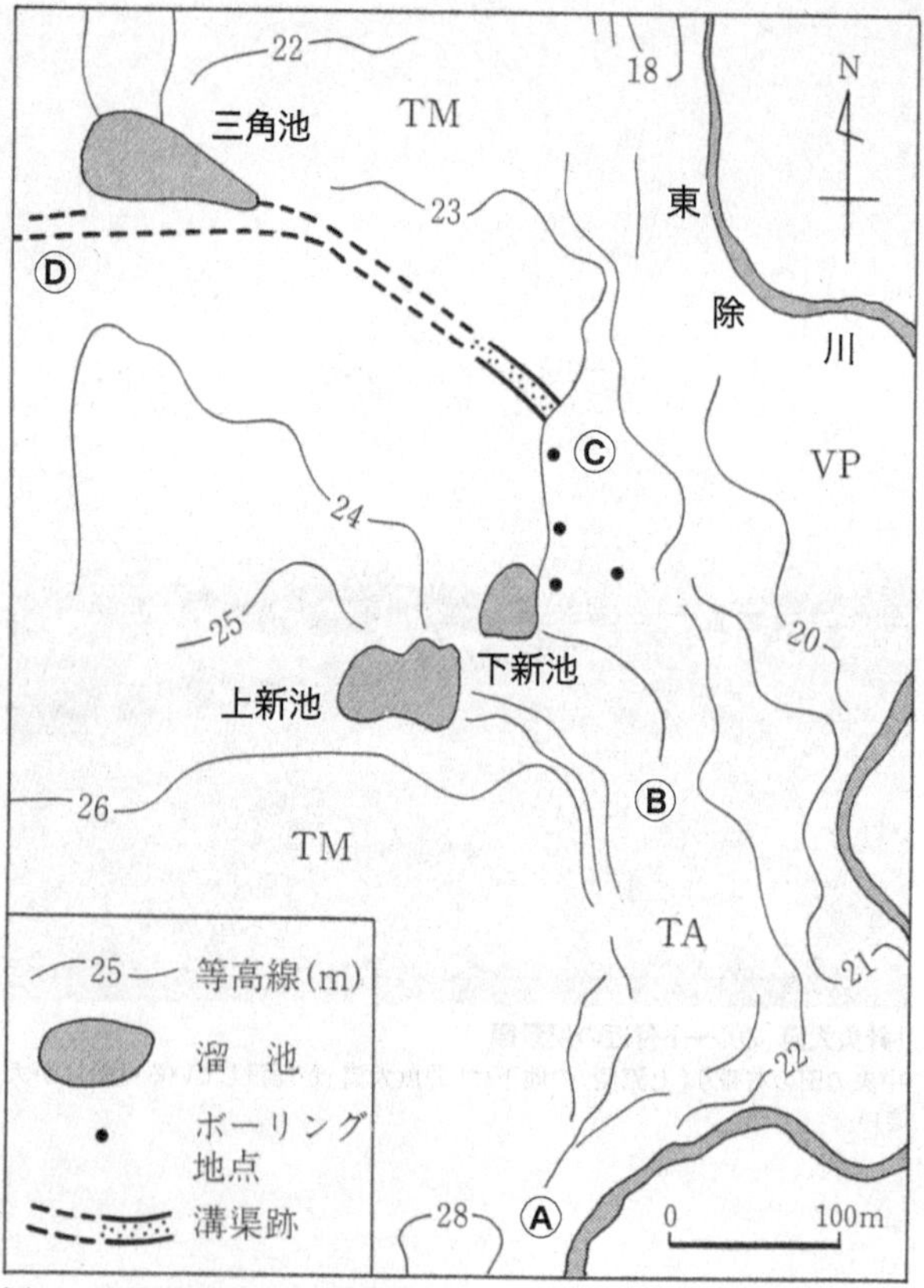

図11　微地形と溝渠の推定位置

ほぼ中央部を通るⒶからⒷをへてⒸの北に至るラインの左側が中位段丘(TM)であり、その上にいくつかの溜池がみられる。東除川沿いは幅の狭い谷底平野(VP)で、中位段丘との間に沖積段丘(TA)が認められる。

した。したがって、大溝がこのころまで存続していたとしても、取水口や崖下をとおる水路の部分がたびたび破壊され、やむなく放棄されるようになったと考えられる。

古墳の変形と地震

このようにして、段丘面の開田では、沖積低地との比高や段丘面上の起伏が大きい意味をもつ。同じように、規模の大きい前方後円墳の築造に当たっても、地形条件が考慮されたらしく、面の連続性のよい段丘面に立地することが多い。百舌鳥古墳群や古市古墳群がその好例である。ところが、古市古墳群の中枢に位置する「応神天皇陵古墳」と北方の津堂城山《つどうしろやま》古墳のふたつは、なぜか段丘と低地の両地形面にまたがっている（二五ページ図1参照）。

「応神天皇陵古墳」をよく注意してみると、墳丘前方部の西側半分が崩れていることに気づく。なぜこのような崩壊が生じたのであろうか。その原因としては自然説、人為説などいろいろ考えられるが、巨大な地震にともなう断層によると解するのがもっともよい。墳丘のほぼ中央部を南北に走る構造線があり、この線を境にして、西側が相対的に落ちる不等運動が、古墳築造後に何回か起こったという考えである。

そのことは、崖《がけ》のような地表景観だけではなくて、西名阪自動車道に沿って生じている地層のくい違い（約一二メートル）からも裏づけられる。またつぎのふたつの史料が、崩壊の事実と時期を知るための傍証となる。

戊戌《つちのえいぬ》（七日）地大きに震《ふる》ひて、天下の百姓の廬舎《ろしや》を壊《こぼ》ちぬ。圧死せる者多し。山崩れ川壅《せ》かれて、地往々《ところどころ》折裂《さ》くること勝《あ》げて数ふ可からず。……詔して曰はく、「今月七日の地震《なゐ》は常に殊なり。恐らくは山陵を動かさむ。宜しく諸王真人《まひと》を遣はし、土師《はにし》の宿禰《すくね》一人を副《そ》へて、諱所《みささぎ》八処及び、功《いさお》有る王《おほきみ》の墓《つか》を検《かむが》へ看《み》しむべし」と。（『続日本紀』聖武天皇天平六年（七三四）四月条）

右の記事には、「地折裂くる」、また「山陵を動かさむ」などとあり、不安定な地盤のところに立地していた「応神天皇陵古墳」の一部が、このときの地震によって崩れた可能性は十分ある。ただし、「諱所八処」に、「応神天皇陵古墳」が含まれているかどうかは、わからない。また、『扶《ふ》桑略記《そうりやつき》』治暦《じりやく》二年（一〇六六）五月条には、

古市古墳群付近の景観(1947年)
古墳の主軸の方向はまちまちである。このころには、まだ伝統的な景観がよく残されていた。A-B-Cは構造線が走る方向。(写真　国土交通省国土地理院)

石清水《いはしみず》の宮司、去《いぬ》る三月廿八日戌の剋《こく》、河内国の誉田《ほむた》〔応神〕天皇の山陵震動し、光を放つの異《あや》しきことを言上するなり。

と、ここには国名と山陵名が記されているが、「誉田天皇の山陵崩壊す」と明記されているわけではない。したがって、この記事も確かな決め手とはならないのである。地震の規模は天平六年のほうが大きかったと推定できる。それはともかくとして、奈良時代から平安時代後期に至る数百年間に、この地で発生した何回かの大地震によって、この巨大古墳の一部が崩れたと考えてよい。右のような考え方、すなわち〝活断層説〟を『考古学研究』（学会誌）に発表したのは一九七五年のことである。当時はあまり反響はなかったが、近年では「地震考古学」という言葉も生まれ、まさに隔世の感がある。

北方の津堂城山古墳は、段丘が沖積低地の下に潜っていくところに位置する。段丘の範囲がはっきりしないため、この古墳がどの程度段丘面に載っているかはわからないが、いずれにせよ、古墳全体が沈下していることは間違いない。これも地震によるのであろう。

「応神天皇陵古墳」とつねに比較対照されるのが、西方の「仁徳天皇陵古墳」である。「応神天皇陵古墳」が、その四〇パーセントほどを段丘面から低地にはみ出させ、窮屈そうに立地しているのに対し、「仁徳天皇陵古墳」は広々とした段丘面に全域を載せ、その雄姿を誇っている。ところが、「仁徳天皇陵古墳」にも墳丘の崩れがみられる。崩れているというよりは滑っているといったほうがよいであろう。変形は前方部の両サイドから後円部にも生じており、「応神天皇陵古墳」よりひどい。滑りは一回でなく二～三回起こったと考えられる。

このような滑りを起こした原因としては、やはり巨大地震をあげざるを得ない。「応神天皇陵古墳」の西斜面を崩壊させたのと同じ地震（たとえば天平六年の地震）によって滑った可能性がつよい。ところが、「仁徳天皇陵古墳」の西南西一キロメートル足らずのところに立地する「伝履中《りちゅう》陵」の墳丘は、ほとんど崩れていない。同じ性質をもつ同一地形面に立地していながら、なぜこのような違いが生じたのであろうか。未完成説もあるようだが、築造当初から、工事に何らかの欠陥があったと考えざるを得ない。あるいは大きすぎたためであろうか。「伝履中陵」のほか、古市古墳群に属する前方後円墳も、段丘面にうまく載っているものはいずれも崩れていないからである。

第5章　畿内の盆地群と都京の立地

いろいろな盆地と畿内

周りを山地または台地によって囲まれた平地は盆地と呼ばれる。輪郭はさまざまであり、そのうち、河川に沿って平地が細長く延びるものは谷底平野と呼ぶことが多い。

世界で有名なのは、すでに述べたアメリカ西部のグレートベースン、中華人民共和国の西端（新疆維吾爾《シンチャンウイグル》自治区）にあるタリム（塔里木）盆地、オーストラリア東南部の大鑽井《だいさんせい》盆地、フランスのパリ盆地などであり、いずれも規模が大きい。タリム盆地は長さが一五〇〇キロメートル、幅が六〇〇キロメートルであり、西はパミール高原、北は天山《テンシャン》山脈、南は崑崙《コンロン》山脈に囲まれ、盆地床の大部分はタクラマカン砂漠となっている。そして北縁・南縁をシルクロードが通じ、東西文明を結ぶ主要幹線をなした。このような外国の盆地に比べると、日本の盆地は実に小さい。

盆地は水・風・氷河などの浸食作用や地殻運動によってつくられる。地殻運動によってつくられた盆地は断層盆地、地溝盆地などと呼ばれ、低地の両側が険しい斜面（断層崖《がい》）で境されていることが多い。松本《まつもと》・諏訪《すわ》・伊那《いな》などの盆地がその代表であり、これから述べようとする畿内の盆地も断層運動によってできた（図12参照）。

近畿《きんき》地方は、ほぼ南北方向に長軸をもって上下に動く構造運動によってつくられた、いくつかの山地と低地（盆地）に分けられている。もっとも東に位置するのが近江《おうみ》盆地であり、ここは今もなお水をたたえている。比叡《ひえい》山地や春日《かすが》山地を隔てて、西方に長く延びるのが山城・大和盆地である。この盆地は、木津《きづ》の南で一〇〇メートル前後の丘陵地（奈良山）によって北と南に二分されているが、一連のものと考えてよい。「山城・大和地溝」とも呼ばれ、北側の山城盆地には、昭和十年代の中ごろまで、最低部に浅い水域「巨椋《おぐら》池」が残されていた。

西に急、東に緩やかな斜面をもつ生駒山地の西側には、河内低地（盆地）が位置する。河内低地は、広い意味での大阪盆地の一部といえる。ここは七〇〇〇〜六〇〇〇年前に広く海進を受けたが、その後水域は次第に縮小され、十八世紀の初頭ころの干拓によってほぼ完全に陸化した。河内低地の西方に、上町《うえまち》台地がほぼ南北方向に延びている。すでに述べたように、この台地は標高二〇メートル程度の段丘地形をなし、『日本書紀』では「高台《たかどの》」と呼ばれた。生駒山地と同様、西に急崖《きゅうがい》をもっている。

以上が、この地域における地形配置の概略である。ブロック状をなして山地と低地が明確に分けられ、狭い峡谷によって低地と低地がつながっているのが一つの大

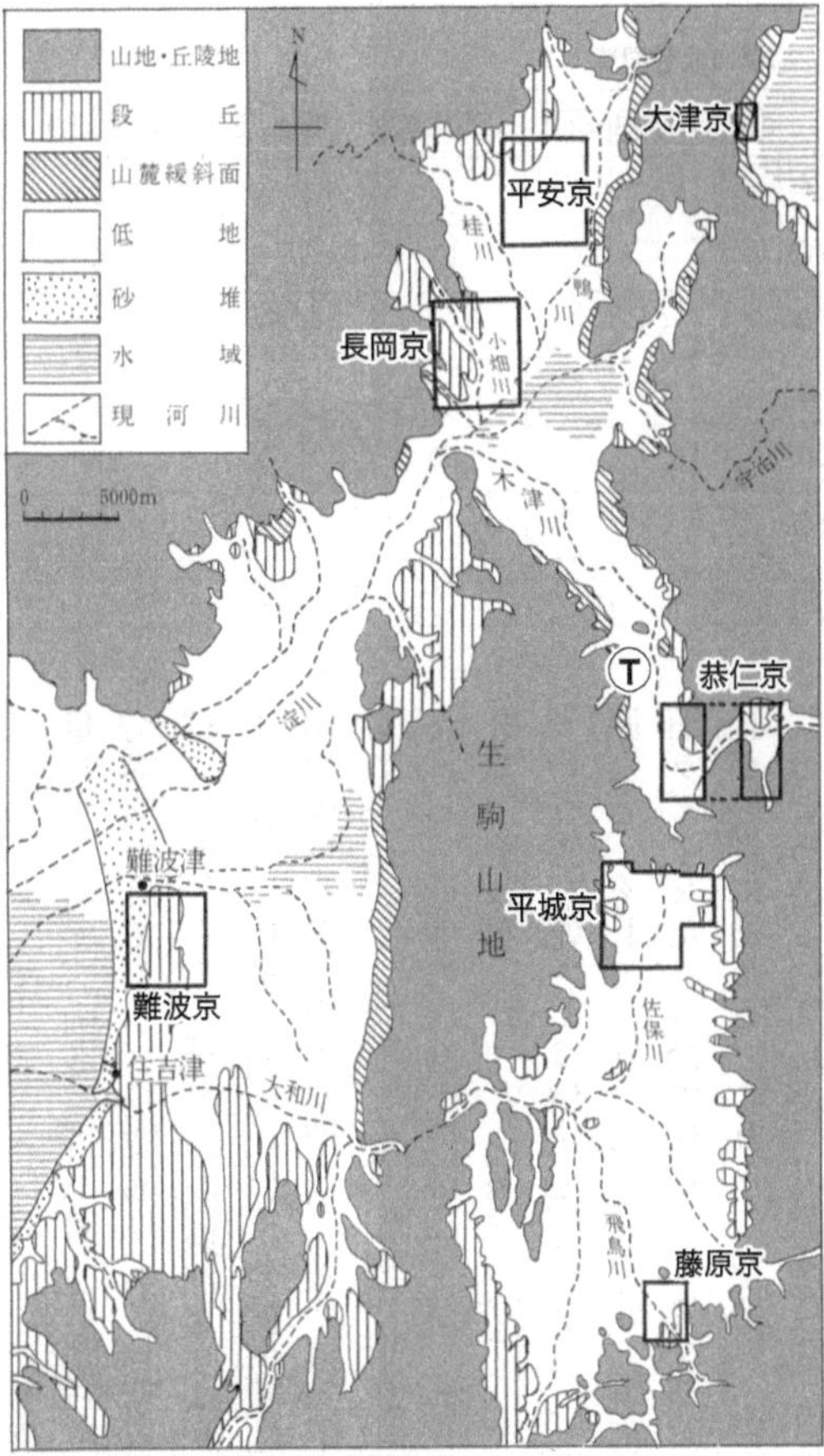

図12　畿内の地形配置と都京の立地
河川は現ルートである。Tは推定「筒木《つつき》の宮」の比定地。

表3　都京の地形環境

	山地・丘陵地		段丘	山麓緩斜面	低地(乾)	低地(湿)	砂堆
難波京			○			○	○
大津京				○		○	
藤原京	○	○	○		○		
平城京		○	○		○		
恭仁京	○	○	○	○	○	○	
長岡京	○	○	○		○	○	
平安京			○		○		

きな特徴といえる。

　このあたりで、表3・図12について少し補足しておくと、山地は古生層や花崗岩《かこうがん》によって構成されており、丘陵地は主として大阪層群（場所によっては古琵琶湖《びわこ》層群と呼ばれる）よりなる。山麓《さんろく》緩斜面には土石流堆積《たいせき》地（豪雨の際に土や砂礫《されき》が斜面をいっきに流れ下ったもの）、崖錐《がいすい》、傾斜の大きい扇状地などが含まれる。低地のばあいは図12では一括し、表3ではそれを「乾」と「湿」に分けてあるが、このうち「乾」には扇状地、谷底平野、氾濫《はんらん》原《げん》など、そして「湿」には三角洲《さんかくす》、後背低地、旧ラグーンなどが含まれる。そして浜堤や砂丘が砂堆《さたい》にあたる。これらの地形は、弥生《やよい》時代のころから人間によって改変され、自然のままを示すものはない。

水に臨む都ふたつ

「難波京《なにわきょう》」は、上町台地の先端に位置する。台地の標高は小さいが、展望はきわめてよい。西方および北方に、何本かの砂洲《さす》が北に向かって、わずかに弧状をなして延び、その間に水をたたえていた。そのありさまは、

押照る難波の崎の並び浜並べむとこそその子は有りけめ
（『日本書紀』仁徳天皇二二年春正月条）

難波潟潮干に立ちて見わたせば淡路の島に鶴《たづ》渡る見ゆ　（『万葉集』一一六〇）

などからも傍証される。すなわち、前者は上町台地の北端に立って、いくつかに分岐した砂洲（並び浜は砂洲とラグーンが交互に並んでいる様子）を、また後者は西側の砂堆に下り立って歌ったものである。

「難波京」の範囲については、いくつもの説があるが、いずれをとっても、段丘、砂堆および湿潤な低地にまたがる点では共通する。さらに、このころは大和川の分流のひとつが南からここに流れ込んでおり、広い湿地帯をなしていた。第9章で詳

しく述べるように、当時の港「難波津《なにわづ》」は上町台地を西北に下りたところ、すなわち中央区高麗橋《こうらいばし》付近に立地していた。ここはふたつの砂洲に挟まれたラグーンであり、地形条件も「難波京」との位置関係もよかった。

「大津京《おおつきょう》」が当時きちっとしたプランを有していたのかどうか、疑問の残るところではあるが、この都は、比叡山地東部の急斜面を下りたところに位置する。標高は九〇〜一四〇メートルで、西方のより高い部分から土石流堆積地、扇状地、三角洲へと移行している。そして京域の東端は、当時の琵琶湖の汀線《ていせん》に接していたと考えられる。このようにして、「大津京」のばあいは土地がきわめて狭く、しかも地形環境はよくなかった。

盆地を北へ進んだ都

「藤原京《ふじわらきょう》」は、大和盆地の東南角に位置する。少し詳しくみると、東と南が標高一五〇メートル前後を示す山地ないし孤立丘陵によって限られ、西方の若干離れたところに畝傍山《うねびやま》がポツンと立っている。これらによって囲まれた低地は、北ないし北西方向に緩く傾斜しており、「国原は煙立ち立つ」(『万葉集』二)の景をなしていた。地形型からは、東南寄りが段丘、残りの部分が開析の少し進んだ扇状地ということになる。そして、京域を南南東から北北西方向に飛鳥川が流れる。「平城京」は、大和盆地の北端に位置する。東方は山麓に広がる段丘を隔てて春日山地、北と西は標高二〇〇メートル足らずの丘陵地に接している。低地は藤原京域とは逆に、南に向かって緩く傾斜する扇状地性の低地および氾濫原である。そして「平城宮」は低地の頂部に当たり、地形環境は比較的良い。地形環境のみからいえば、この都はもう少し長期間存続してもよかった。

「平城京」のすぐ北に、標高の小さい山地を隔てて「恭仁《くに》京」が位置する。京域の半分ほどが花崗岩その他の基盤岩《きばんがん》からなる険しい山地によって占められ、ほぼ中央部を木津川が東から西にかなり屈曲しながら流れている。木津川の規模は、藤原京域を流れる飛鳥川や平城京域を流れる佐保《さほ》川とは比較にならないほど大きい。「恭仁宮」そのものは、規模の小さい加茂《かも》盆地の段丘上に立地するが、背後には急斜面がせまっており、木津川沿いは浸水常習地なので、地形環境はきわめて悪い。一時的にせよ、都がここに置かれたこと自体、不思議といわざるを得ない。

「長岡京」は、山城盆地のほぼ中央部西寄りのところに位置する。ここは水陸の交通条件に恵まれているが、地形的位置からは、はなはだ中途半端といわざるを得ない。安定性の低い場所なのである。

西高東低という点では、「大津京」とよく似ているが、地形はいっそう複雑といえる。すなわち、西南端の一角が基盤山地に接するようであり、その北にいくつかの丘陵地が存在する。ほぼ中央部に段丘が展開し、これは河川の浸食によって大きく三つの部分に分けられている。そして、段丘の東に広がる低地は緩やかな扇状地、氾濫原、後背低地などの微地形によって構成されている。

「長岡京」のばあいも、京域を河川が貫流している。すなわち、西から小泉川《こいずみ》、小《お》畑川《ばた》、桂川《かつら》がそれである。都造営のころ、小畑川は低い段丘に囲まれた低地を離れたところから東南の方向に流れており、桂川は現流路より西のほうに本流をもっていた可能性が大きい。したがって水害の危険にしばしばさらされた。「大極殿《だいごくでん》」は安全な段丘上に位置するが、京域の一部は小畑川の破壊的な水害と、桂川沿い低地の過湿と軟弱な地盤とに悩まされたはずである。「長岡京」がわずか一〇年で廃都になった原因として、怨霊《おんりょう》と恐怖、悪い水質と水不足、水害などがあげられているが、洪水と過湿のほかに中途半端な地形的位置も無視し得ないであろう。

行き止まりの都「平安京」

「平安京」は、山城盆地の北端に近いところに位置する。古くから「三方を山に囲まれ」とか、「山紫《さんし》水明《すいめい》」と呼ばれてきたところである。確かに地理的位置、地形環境ともによい。すなわち、京域は南に向かって緩く傾斜する段丘と扇状地面に広がっており、「平城京」の立地環境に近いが、こちらのばあいは、東北方と西方の京域外に、かなりの空間を残している。京域のうち、東方の一部は鴨《かも》川によって、また西南端付近は桂川の東への氾濫によって、しばしば浸水を受けた。

「平安京」を論ずるばあいに、必ず問題となるのが鴨川である。鴨川の流路については「建都の際に付け替えられた」という説と、「縄文時代以降は現流路をとりつづけた」とする考え方のふたつがある。両者の見解の違いは、「平安京」が造営されたころに鴨川の洪水が及んだ範囲に求められる。すなわち、前者はその範囲を西方の堀川と現流路付近としているのに対し、後者はそれを現流路付近に限っている。しかしながら、洪水の規模と頻度、それから土砂の堆積量（地層の厚さ）に対する評価が、両者の間で異なっているため、同じ尺度で対比することは難しい。どちらの説も正しいといえるのである。深刻な議論をするほどのことでもない。

いずれにせよ、「平安京」造営のころ鴨川の主流は紫竹《しちく》付近から相国寺《しょうこくじ》の東に至り、寺町通《てらまちどおり》と川端《かわばた》通間の幅約五〇〇メートルのところを流れていたが、激しい洪水の際には、いくつかの流れが東は下鴨《しもがも》通、西は堀川付近にまで広がった。都造営に

鴨川（賀茂川）の現景観
下流から上流をみたもの。右岸の堤防が強固につくられている。

当たって流路が固定される一方、周辺部とりわけ上流部の森林伐採が進んだ結果、洪水は一時的に激しさを増し、左右両岸にしばしば溢《あふ》れたはずである。それにもかかわらず、なぜ「平安京」は「長岡京」のように短命でなかったのであろうか。他の都京と比べても不思議といわざるを得ない。「平安京」が長くつづいた理由としてさまざまなことが述べられているが、恵まれた景観や地質・地形条件、優れた地理的位置といった積極的理由のほかに、だんだんと巨大化してきた都を移し得る場所が近くに存在しなかったという、きわめて消極的な理由（実はこれが最大の理由だったと考えられる）をあげたい。

第6章　大井川扇状地の洪水と住民の知恵

扇状地の地形と洪水

狭い山間部を流れてきた河川が、急に開けたところに出ると、上流から運んできた物質をあたり一面にまき散らす。流路はつねに何本かに分かれており、洪水のたびに本流を移動させるため、いつしか扇型の地表面ができあがる。これが扇状地と呼ばれる地形であるが、以上のほかに断層崖《がい》に沿って規模の小さい扇状地がエプロン状に並んで発達していることも多い。その例として近畿地方とその周辺では六甲山麓《さんろく》、生駒山麓、養老《ようろう》山麓などがあげられる。

このように、扇状地は表面傾斜が急な山麓堆積面であり、砂礫《されき》よりなる。地下水位面が低いため、田を開くことが難しく、しばしば畑として利用された。

東海地方の大井川扇状地は、扇頂にあたる島田《しまだ》付近の標高が四〇メートルあまりであり、平均傾斜は二五〇分の一となっている。この地方にみられる安倍川・富士川などと同様、下流に三角洲《さんかくす》をともなわないで、そのまま海に至っている。扇頂に近い所では大井川の旧分流（たとえば栃山《とちやま》川）によって下刻《かこく》が進み、扇状地面は上・下のふたつの面に分かれている。上位面が一般面、下位面が河跡（旧河道）ということになる。扇頂付近では、上位面と下位面との比高が三～四メートルに達しているが、標高二五メートルより下流では崖《がけ》が低くなり、やがて消滅する。そして扇状地の末端に近い標高五メートル前後のところには、新しい堆積物《たいせきぶつ》によってできた自然堤防状の微高地が存在する。

これら上位面の間に下位面、すなわち旧河道が無数に存在する。図13は縮尺一万分の一の空中写真から検出したものであり、これらは長期的な旧河道と短期的(洪水時のみ河道となる)なものとに分けられるが、ここでは一括して示した。曲流ではなくて網流をなすことが、洪水の激しさを物語る。そしてこのような流れのパターンは、「ひろき河原の中に、一すじならず流れわかれたる川瀬ども、とかく入れ違ひたる様にて」(『東関紀行』)、「一すじの大河となりて大木沙石をながす事もあり。あまたの枝流となりて、一里ばかりが間にわかる事もあり」(『丙辰紀行』)などの文章とうまく対応する。

洪水の記録を少しあげてみよう。慶長九年(一六〇四)秋の大洪水によって、島田の宿駅がほとんど押し流された。そのため宿駅は約二〇年間、北方山麓の元島田《もとしまだ》へ移転し、元和《げんな》年間(一六一五~一六二四)になってから以前の島田が再建された。また寛永十六年(一六三九)には、左岸の西島《にしじま》付近の堤防がことごとく破壊され、従来高三六六石一斗三升六合のところが、わずかに九六石余と四分の一近くに減少した。そしてもともと七〇戸だった民家は頻発する洪水によって、わずか一二~一

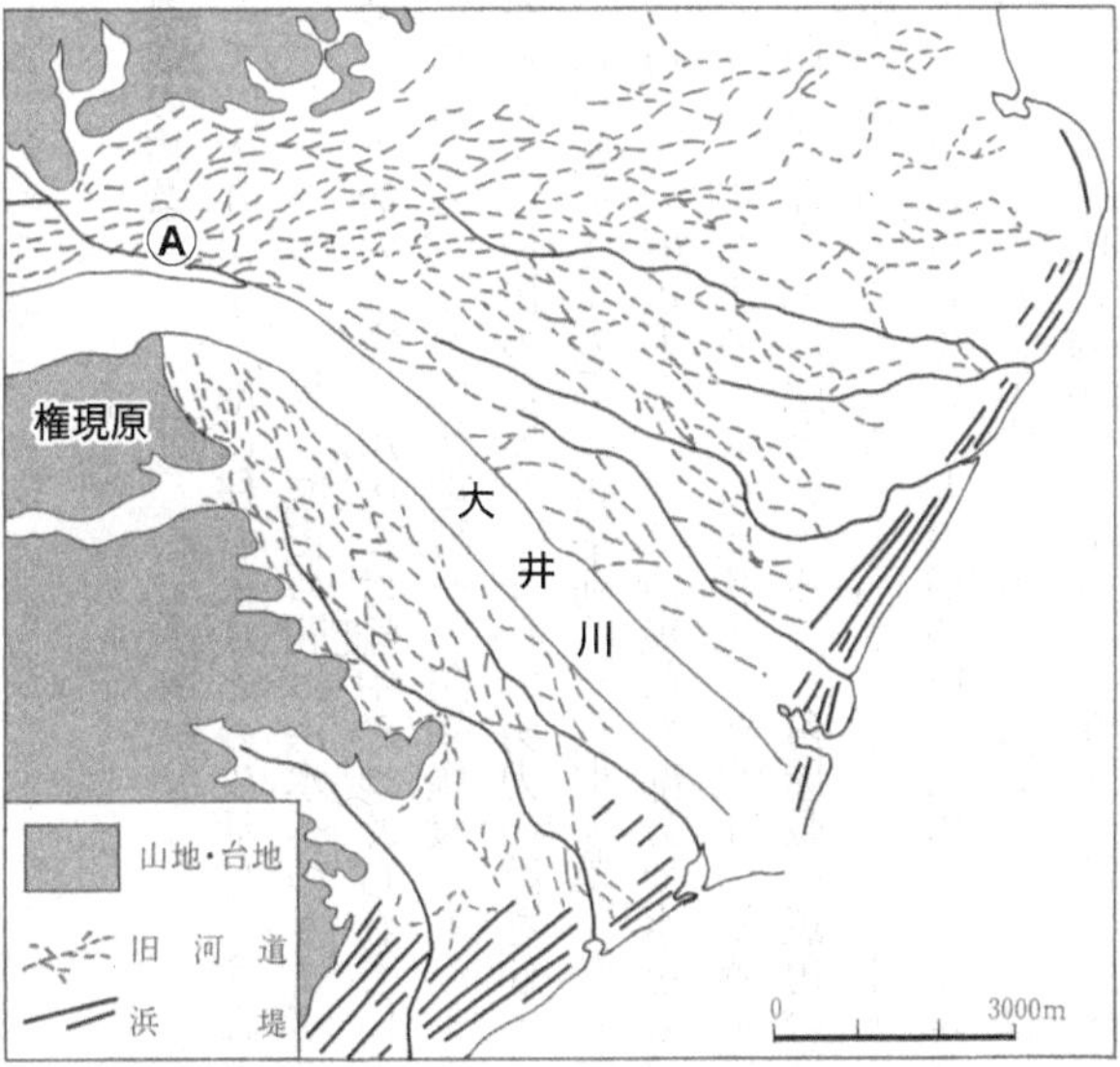

図13　旧河道の分布図
扇状地特有の網目状パターンを示している。Aは図14(125ページ)の位置。

三戸となってしまったのである。

水害と三角屋敷の構造

このようにして、大井川扇状地に住む人びとの生活は、すなわち洪水との戦いの歴史でもあった。したがって、長い歴史の間に洪水へのさまざまな対応形態が培われてきたのである。下流の藤守《ふじもり》や川尻《かわしり》には輪中《わじゅう》がつくられているが、ここでは上・中流部を中心に点在する、この扇状地特有の防御施設ともいえる三角屋敷を取り上げ、激しい洪水に対する住民のなみなみならぬ努力の跡を辿《たど》ってみよう。

地元では、三角屋敷のことを「三角宅地」「舟形屋敷」などとも呼んでいる。これは屋敷地の一角を九〇度以下とし、この鋭角の部分で水を分け、洪水の激しい攻撃を避けようとするものである。この扇状地に頻発する洪水の性格を十分経験した結果生まれた、個人的な対応形態といえる。三角屋敷の鋭角の部分にはマキ、マツ、タケなどの樹木が密に植えられており、高さ一～一・五メートル、幅三～五メートル程度の堤によって縁どられているものが多い。三角屋敷の鋭角の部分の向きが、かつて洪水がやってきた方向を示すのもおもしろい。たとえば、JR東海道線沿いやそれ以北のものはほぼ西に向かっており、以南では必ずしも一定しないが、一般

三角屋敷の景観(焼津市下江留)

鋭角の部分(左手前)は西北西方向を指しており、家屋はマキ、マツ、タケなどによっておおわれている。周りは田、手前に積み上げられた稲わらがみえる。

に西北西を示す。これは大井川の有力な旧流路「栃山川」の方向に近い。これに対して、現在の大井川右岸では西北方向に向かうのが普通である。

徳島県の那賀川《なかがわ》平野は緩やかな扇状地の地形を示す。この平野の上流部右岸にも三角屋敷がある。うっそうと茂る樹木に囲まれた屋敷は、遠くから眺めるとあたかも海上に浮かぶ大型船のようである。河原の石で築かれた堤(盛り土)の高さは六〇〜七〇センチメートルであり、鋭角の部分には洪水に強いといわれるタケ、ツバキのほかに、エノキ、クス、マキなどがぎっしりと植えられている。

三角屋敷の立地と分布状態

つぎに興味深いのは、三角屋敷が扇状地の上位面に分布し、しかも浅い谷(旧河道)の肩の部分に位置するものが多い点である。この扇状地では、古くからの民家の大部分が上位面に存在するため、三角屋敷が同じ上位面に位置すること自体は特異な現象ということはできないが、それが旧河道との境界付近に多いという事実は注目される。これは三角屋敷がつくられたのちにやってきた洪水が、屋敷に沿って新しい谷を刻んだことを意味するようである。

三角屋敷は、洪水による家屋の被害を防ぐために、優れた役目を果たすとともに、

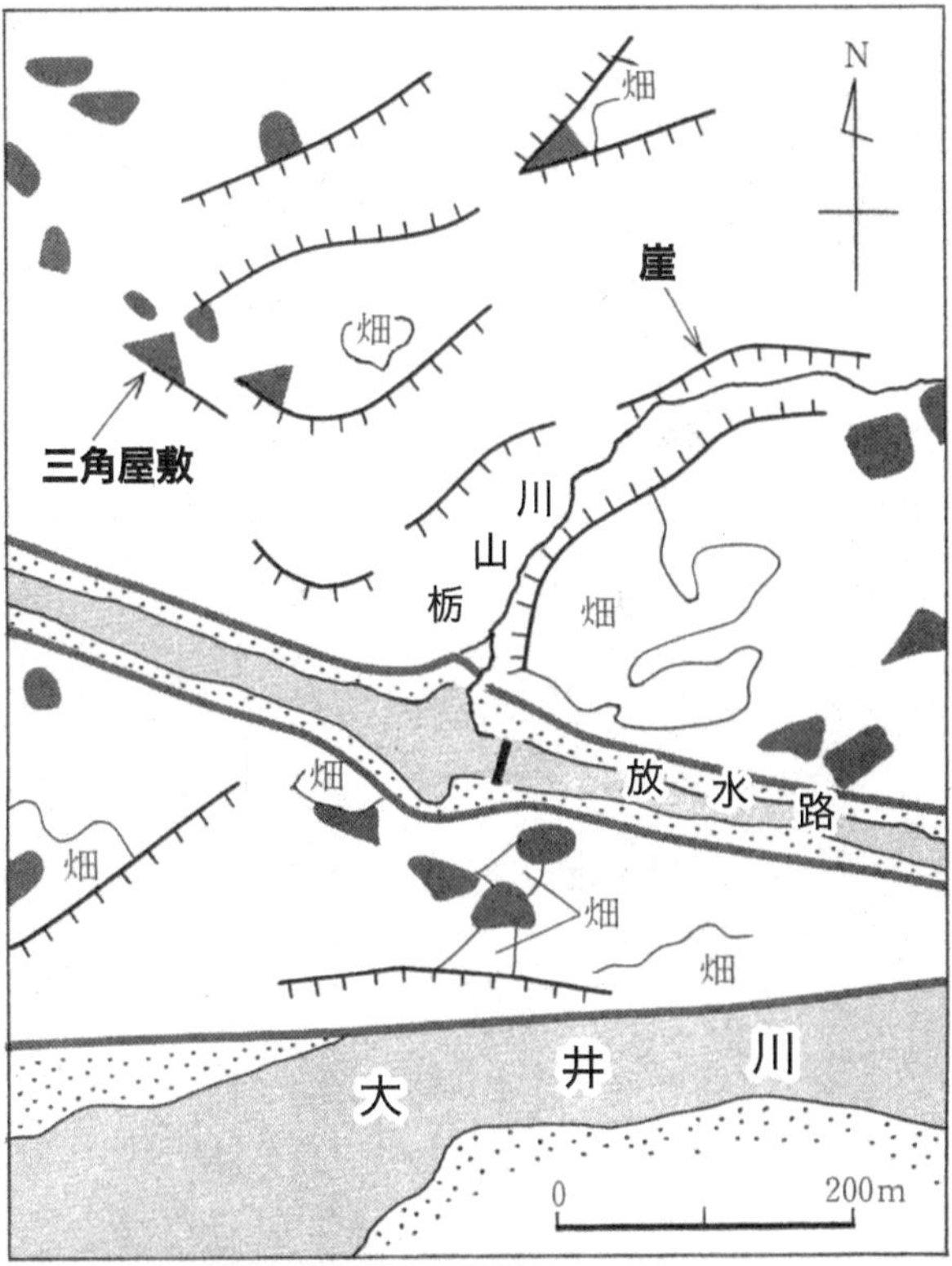

図14　三角屋敷と沖積層の崖

「畑」と示した以外の空白の部分は田。崖は栃山川沿いや屋敷の近くに多く、三角屋敷は6〜7戸みられる。栃山川との分岐点近くの放水路に井堰がつくられている。

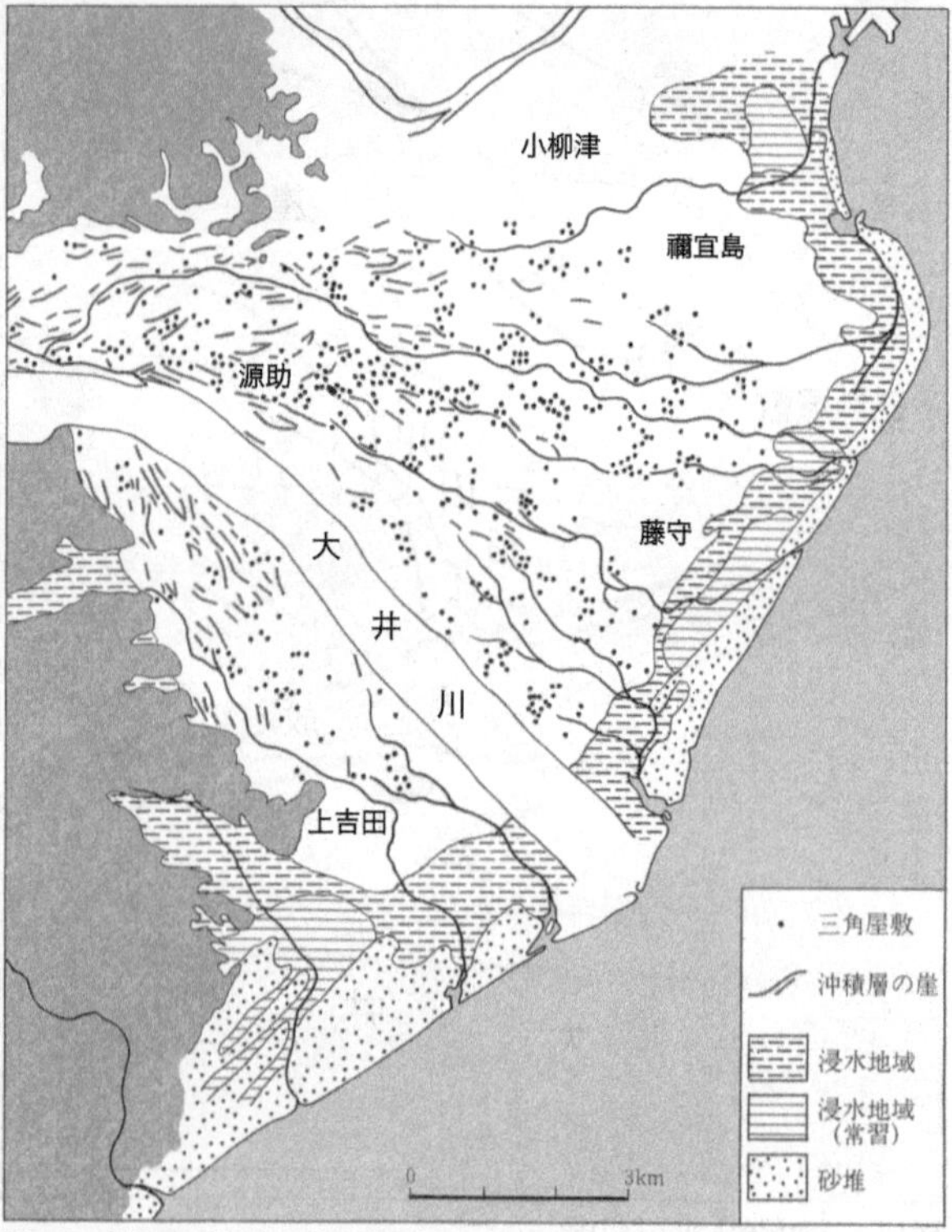

図15　大井川扇状地の地形環境と三角屋敷

三角屋敷は、洪水の際にできた崖や現在に残る旧流路付近に集中してみられる。

洪水の流れる方向にも、かなりの影響を与えたと考えられる。規模のきわめて大きい洪水が、一ヵ所に集中して襲ってきたときには、どのような形態の民家も、ひとたまりもなかったが、何本かに分かれた洪水の流れに対しては、三角屋敷が有効であったといえる。

昭和三十六年（一九六一）に撮影された縮尺一万分の一の空中写真から読みとりうる大井川扇状地の三角屋敷の数は五四四戸にのぼる。そして扇状地の扇頂部から扇央部にかけて密度が大きく、そのほかに有力な、そして長期にわたる旧河道に沿って、かなり下流部にまで分布している。もっとも、近年になって新しい住宅や工場などが扇状地面に進出するようになり、三角屋敷は形を変えたり、あるいは消滅したものも多い。

現在では、頑丈な堤防が築かれ、また大井川の河床《かしょう》が低下したため、扇状地面が洪水の危険にさらされる心配はなくなったが、住民の知恵と努力の結晶ともいえる三角屋敷は、大切な文化遺産としていつまでも残したいものである。

第7章　紀ノ川氾濫原の河道変遷

扇状地から内湾へ

紀ノ川下流域平野は、対岸の吉野《よしの》川下流域平野と同じく、中央構造線に沿う地溝に近い低地に、紀ノ川が運んできた土や砂が堆積《たいせき》してできたものであり、氾濫《はんらん》原《げん》の特徴をよく示している。平均傾斜は一〇〇〇分の一以下であり、海岸付近に発達する数条の砂洲《さす》と北部の山麓《さんろく》に付着する比高の小さい段丘を除くと、平野面は全般に起伏に乏しい。現在の紀ノ川は、和歌山城のある孤立丘「城山」の北を通って西南に流れ、紀伊水道に注いでいるが、このようなルートをとるようになったのは新しく江戸時代といえる。

図16のAは、長沢良太氏が一〇〇〇本に近いボーリング資料を用いて、ウルム氷期（約二万年前）の景観を復原したものである。このころの海面は現在より一二〇～一四〇メートルも低かったため、古紀ノ川は図の西南二〇キロメートル付近で古大阪川と合流し、さらに五〇キロメートルあまり南に流れたのち海に注いでいた。

氷期の古紀ノ川のつくる低地は傾斜が三〇〇分の一ほどであり、起伏のかなり大きい扇状地をなしていた。そして北部の和泉《いずみ》山地から流れ下る小河川が、エプロン状に複合扇状地を発達させていたのである。本流の扇状地面を刻む谷は二本あり、そのひとつは現在の紀ノ川のルートに近い。すなわち東方の岩橋《いわせ》付近から楠見《くすみ》に至り、そこから深い谷を刻んで西南に流れていた。もう一本は、本流にほぼ平行して楠見付近に至り、そこからほぼ直角に向きを変え、名草山《なぐさやま》と雑賀山《さいかやま》（現在の雑賀《さいか》崎《ざき》）との間に狭くて深い谷を刻んで南に流れ下っていた。この谷が現在の和歌《わか》川のルートに近いのもおもしろい。

　このような状況が長い間続いていたが、およそ一万八〇〇〇年前から海面の上昇がはじまる。四〇メートルあまりの深い谷に海がやってくるのは一万一〇〇〇年ほど前と考えられる。その後も海面上昇がつづいた結果、ふたつの川筋は溺《おぼ》れ谷《だに》の様相を呈するようになり、やがて低地全域が水没して内湾となった。それは七〇〇〇

図16　景観の変遷
B図のⒶは玉津島。

年前ころのことである。

縄文海進と貝塚

このころの汀線《ていせん》は、北岸の木ノ本《きのもと》から栄谷《さかえだに》を経て、楠見の東に、南岸では鳴神《なるかみ》の東、それから和田《わだ》盆地の奥にまで至っていたと考えてよい。その結果、南部の城山、名草山、雑賀山などは孤立した島として、海上に浮かんでいたのである。

縄文海進を示す手がかりとしては、紀ノ川北岸の木ノ本から栄谷、平井《ひらい》付近、南岸の松原《まつばら》付近に認められる比高の小さい段丘があげられる。これらの面は、縄文海進時の高位海水準（プラス二〜三メートル）に対応して形成されたものであろう。それから禰宜《ねぎ》、鳴神などに認められる縄文貝塚からも、海進の模様をある程度まで推測しうる。

禰宜貝塚は、紀ノ川南岸の城ケ峯《じょうがみね》の北麓《ほくろく》に発達した規模の小さい扇状地の上に位置する。標高は七〜八メートルである。この貝塚からは海産二枚貝のハイガイが発掘されており、当時の内湾が、遺跡のかなり近くにまで入り込んでいたことが知られる。禰宜貝塚の西方約三キロのところに鳴神貝塚が位置する。この貝塚からもハイガイ、ハマグリなどが発掘されている。貝塚の地点が当時の汀線を示すわけではないが、汀線が近かったこと、それからふたつの貝塚の年代のちがい（禰宜貝塚が古い）から、時代とともに紀ノ川の運び出してきた土砂によって、汀線が少しずつ西に移動したことが知られる。

縄文の海が広がり、紀ノ川の河口がまだ鳴神貝塚付近にあったころ、西方の沖合には、木ノ本の西方、磯《いその》ノ浦《うら》付近から東南東に延びる砂洲がすでに発達していた。湾口砂洲〝二里ヶ浜《にりがはま》〟の誕生である。そして砂洲の背後には浅くて広い入江が広がっていたのである。

その後、海面が若干低下するとともに、紀ノ川の運び出してきた土砂によって入江は少しずつ埋められ、やがて幅の狭いラグーンへと変化する。そこに流入した紀ノ川は、巨大な砂洲にさえぎられて、西へ流れ出ることができず、そこで大きな弧を描いて和歌浦《わかのうら》に注いでいた。

いっぽう、砂洲の外側では、より古い砂洲にほぼ平行して、新規の砂洲がつぎつぎと生まれ、砂洲は全体として幅を広げるとともに、内側のものは前方から飛ばされてきた砂によって、高度を少しずつ増した。このようにして、紀ノ川河口の砂洲形成は、およそ七〇〇〇年前にスタートし、古墳時代のころに終わることになる。海岸砂洲（二里ヶ浜）の背後において、弥生《やよい》時代のころに、土地の形成がもっとも早く進んだのは鳴神貝塚西方の鳴神、太田《おおた》付近一帯である。弥生時代の遺跡が、このあたりに数多く分布する事実が、そのことを裏づけている。このころ、西方の海岸砂洲と紀ノ川による堆積地とのあいだには、幅一〇〇〇メートル前後の水域（ラグーン）が、なお残されていた。

記紀・万葉ころの流れ

古墳時代から奈良時代のころ、砂洲背後では紀ノ川による堆積と陸地の拡大が進むいっぽう、前面からの砂丘飛砂《ひさ》によって、水域は著しく縮小した。すなわち、紀ノ川北岸の平井と南岸の吉田《よしだ》を結ぶ線より上流部では、流路がいまだ一定せず、しかも洪水ごとに主流の位置が移動していたが、その線より下流部では、流路がほぼ固定していたと考えてよい。当時の紀ノ川の主流は楠見付近から梶取《かんどり》を経て狐島《きつねじま》付近に達し、そこで大きく弧を描いたのち、城山の東側をまっすぐ南に流れて和歌浦に注いでいた。このルートのうち、狐島付近より下流部は、律令《りつりょう》時代において名草・海部《あま》両郡の境界をなしていた。すなわち、このルートの東方が名草郡、西方の海岸地域が海部郡であった。

『日本書紀』神功皇后摂政元年二月条には「横《よこしま》に南海《みなみのみち》より出でて、紀伊水門《きのくにのみなと》に泊らしむ」と記されている。当時このあたりは紀伊の水軍の根拠地の役割を果たしていたと考えられる。そして〝みなと〟（湊）は、紀ノ川が大きく弧を描く屈曲部付近にあったと考えてよい。そこは砂洲背後のラグーンと紀ノ川本流の接点にあたる。しかしながら、南岸の鳴神付近に比べるとこの地域は陸化がおくれ、不安定であったため、港の位置は定まらず、時代とともに、また洪水の度ごとに上流あるいは下流部に移動していたものであろう。

このころ、和歌浦では堆積が進まず、紀ノ川河口部はかなり規模の大きい入江をなしていた。神亀《じんき》元年（七二四）冬十月にこの地を訪れた山部赤人《やまべのあかひと》は、

……雑賀野《さひかの》ゆ　背向《そがひ》に見ゆる　沖つ島　清き渚に　風吹けば　白波騒き　潮干《ふ》れば　玉藻刈りつつ……（『万葉集』九一七）

若の浦に潮満ち来れば潟《かた》を無み葦辺《あしべ》をさして鶴《たづ》鳴き渡る（『万葉集』九一九）

など、有名な歌を残している。これらは当時の和歌浦付近の地形環境を解明するうえで、参考になる点が多い。図16Bを見るとわかるように、七〜八世紀のころ雑賀山地は北から延びてきた砂洲によってすでに連結されており、対岸の名草山も古紀

ノ川や和田川の堆積によって陸つづきとなっていた。

紀ノ川の河口付近にはいくつかの河口洲《かこうす》が発達し、その前面には西北から片男波《かたおなみ》、南から布引《ぬのひき》の砂洲が延びていた。そして砂洲の背後には潮の干満によって見えかくれする干潟（隠顕《いんけん》泥地）が広がっており、玉津島《たまつしま》（沖つ島）は満潮時には完全に陸地から分離される小島をなしていたのである。先にあげた歌の二首目では、玉津島より少し上流（内側）の景が歌われている。干潟に続く古紀ノ川の旧河口部の浅いところでは、一面にアシが茂っていた。現在では、コンクリートによって区切られているため、潮の干満はあまり感じられないが、当時は、水位の上下運動は汀線の水平移動としてもあらわれた。

ところで、地元では古くから「紀ノ川は北岸の山麓をまっすぐ西に向かって流れ、木ノ本の西で海に注いでいた」と信じられていた。『紀伊続風土記』などに基づくこのような考え方が通説となっていたのである。縄文海進ころ以降の地形変化を丹念に辿《たど》ると、以上のような考え方が誤りであることが理解されるのだが、ここでは史料からそれを裏づけてみよう。

平井津納潁《ほさき》　四十六束

三月十日納材木七物、藤原是清上
吉田津納
書生有遠納廿四束一巴二分
（『九条家文書』一〇四八年）

右の史料から、十一世紀の中葉ころに紀ノ川河口の要津として平井、吉田のふたつの港が存在したことがわかる。現在、平井は紀ノ川北岸の山麓に、そして吉田は南岸の低地のほぼ中央部に、かなり離れて存在するが、いずれも当時の紀ノ川の流れに沿っていたことはまちがいない。船はまず平井津にたち寄り、そこから大きくメアンダー（蛇行）する紀ノ川を少し下ったのち、吉田津で荷物を積み込んで、和歌浦へと向かったのである。

紀ノ川河口の三転

紀ノ川は、縄文時代末以降、一貫して和歌浦に河口をもっていたが、平安時代後期（十一世紀末）ころ以降、湊《みなと》から水軒《すいけん》をとおって大浦《おおうら》で海に注ぐようになる。その時期を史料によって正確に裏づけることはできないが、『中右記《ちゅうゆうき》』（一一〇九）その他から推測することは可能である。たとえば『中右記』には、馬で吹上《ふきあげ》砂洲から

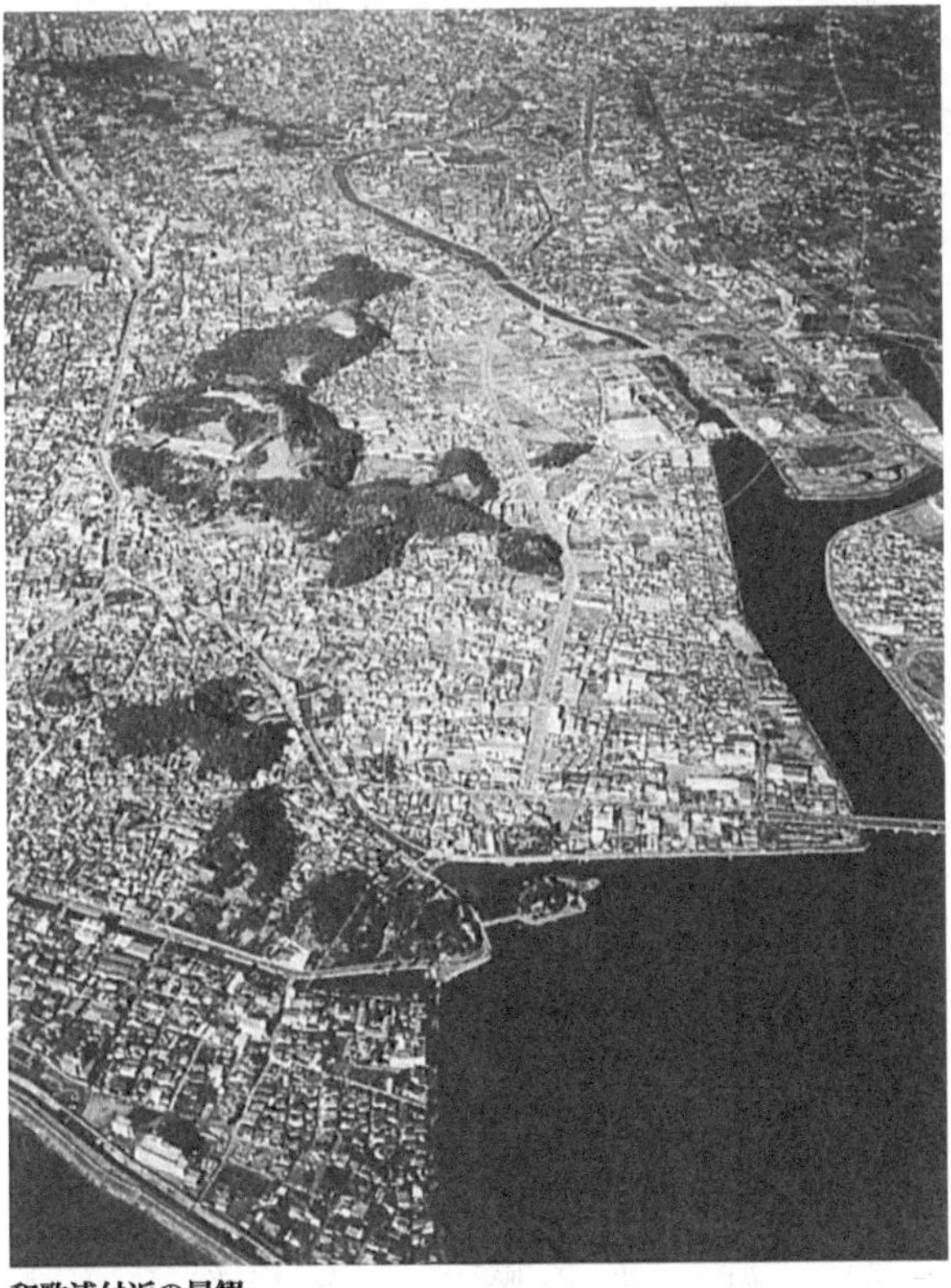

和歌浦付近の景観
右は現和歌川河口。手前は玉津島、現在は妹背山のみが海中にある。片男波の基部は改変されて住宅が密集している。（和歌山市広報広聴課撮影）

東方の日前宮《にちぜんぐう》に向かうことができたと記されている。紀ノ川の本流が従来どおりのコースをとっておれば、ここを馬で渡るのは、かなり困難であったはずである。

河口が西に移った理由としては、紀ノ川の西への浸食と氾濫があげられる。すなわち、紀ノ川によって砂洲の内側が徐々に浸食されたのち、大きい洪水の際、いっきに切断されたものと考えられる。本流が西に移ったのちも、旧紀ノ川にはかなりの水が流れており、和歌浦から船で「紀伊水門」に行くことができた。しばらくのあいだは、ふたつの河口をもつ状況がつづいていたのである。

小舟にのり、鳴戸浦《なるとのうら》をこぎとほり、紀伊路へおもむき給ひけり、和歌《わか》・吹上《ふきあげ》・衣通姫《そとおりひめ》の神とあらはれ給へる玉津島の明神《みょうじん》、日前《にちぜん》・国懸《こっけん》の御前をすぎて、紀伊の湊にこそつき給へ、……（『平家物語』）

右の文章をよむと、十二世紀末ころには、まだ和歌浦から日前《ひのくま》・国懸宮《くにかかす》の西をとおって、城山の北にあった湊方面へ行くことができたことがわかる。

紀ノ川の河口が、大浦から現在の場所に移った時期もはっきりしないが、明応年間（一四九二〜一五〇一）から寛永年間（一六二四〜一六四四）のあいだであったこ

大浦付近の景観

右は紀ノ川第2の旧河道にあたる水軒川。中央の湾曲する松林はかつての海岸砂洲であり、寛永年間(1624〜1644)に防潮堤が築かれた。手前の松林は紀州藩水軒御用地址「養翠園」。(国土交通省和歌山河川国道事務所撮影)

とは、ほぼ間違いない。明応年間に多くの寺院が移転しており、また当時水害が頻発した記録がある。天正十三年（一五八五）には「卯月の中旬、俄《にわ》かに雨降りて、車軸の如く紀川洪水トナル、而して所に築きし堤、川筋一文字に流れ来たり、百四十五間突《にわか》に切れ、其汀は淵と成る」（『紀州御発向之事』）とあり、場所は若干上流にあたるが、洪水の激しさの一端を知ることができる。また寛永年間に、水軒浜《すいけんはま》（大浦の近く）で延長一六〇〇メートルに達する防潮堤が築かれているが、これは紀ノ川河口の移動によって、大浦付近への土砂の搬出がほとんどなくなった結果、逆に海岸浸食がはじまったことを示す。海岸線の後退による災害を防ぐために堤を築いたのである。このようにして、紀ノ川の河口は和歌浦から大浦へ、そして大浦から現在の位置へと大きく三転した。

ここでは、地質資料と文献史料の両面から紀ノ川の変遷を辿ってみた。地形変化が激しいわが国においては、かなりの困難をともなうが、このような作業を行なうことがまずもって大切といえるであろう。

第8章　筑後川三角洲の水路網と舟運

平原広沢の地形環境

『史記』の淮南衡山列伝《わいなんこうざん》に「徐福《じょふく》ハ平原広沢ヲ得テ止マリ」とある。この平原広沢の地がどこに当たるのか、今のところはっきりしない。しかし、推測される筑後《ちくご》川三角洲《さんかくす》（筑紫平野と呼ばれることが多い）の当時の景観と、きわめてよく一致する。そのころ、すでに有明海《ありあけかい》の北岸には平地が広がっており、筑後川のほか、矢部《やべ》川、嘉瀬《かせ》川などが屈曲しながら流れ、あたり一面は〝広沢〟すなわち広々とした沼沢地の景観をなしていたのである。ここでは、現在の地形を広くとらえることからはじめよう（図17参照）。

北部の脊振《せふり》山地の麓《ふもと》には、周りを崖《がけ》によって縁どられ、表面がわりあい平坦《へいたん》な段丘が、東方の鳥栖《とす》付近から西方の嘉瀬川の西にかけて発達する。そのうちの東半分、すなわち鳥栖、原古賀《はらこが》、横田《よこた》などの集落がのる面はわりあい広いが、吉野ヶ里以西の段丘は、脊振山地から流れ下る河川によって細かく分断されている。以上に対し、筑後川左岸の久留米《くるめ》市から矢部川付近に至る段丘面は、連続性がきわめてよい。

これらの段丘は、高（上）・中・低（下）位の三面に大きく分けられる。高位段丘の標高は四〇メートルに達するところがあり、表面にはかなりの起伏がみられる。それに対して、中・低位段丘の大部分は、標高が三五メートル以下であり、表面がわりあい平坦なため、古くから集落や農地として利用されてきた。

扇状地とその下流側につづく緩扇状地は、段丘を包むような格好で、エプロン状に広がっている。これは脊振山地から流れ下る小河川によってつくられたもので、北から南に向けて緩やかに傾斜する。城原《じょうばる》川沿いで見ると、扇頂部の標高は約三〇メートル、扇端で五メートルとなっており、平均傾斜は一七〇分の一前後である。過去二〇〇〇年間において、この面の上流寄りでは若干の浸食（低下）が、下流側では逆に堆積《たいせき》が進んだと考えられる。

三角洲は、この地域でもっとも広く見られる地形である。すなわち、北部では嘉瀬川に祇園《ぎおん》川が合流する地点付近から久留米市の東にかけて、筑後川左岸では久留米市から大川《おおかわ》・柳川《やながわ》両市一帯をへて矢部川の左岸に至るまで、広域に広がっている。標高は全般的に小さく、佐賀市付近で約五メートル、久留米市東方の筑後川沿いでも一〇メートルに達していない。大部分が標高二〜四メートルで、そこには旧河道やクリークが縦横に走り、今もなお〝平原広沢〟の地をなしているのである。この地形面のほとんどは、縄文海進後に陸化したと考えてよい。

三角洲の前面には、人間の手によって陸化が進められた干拓地が展開し、さらにその前方には、潮の干満によって見え隠れする干潟（隠顕泥地）が広がっており、

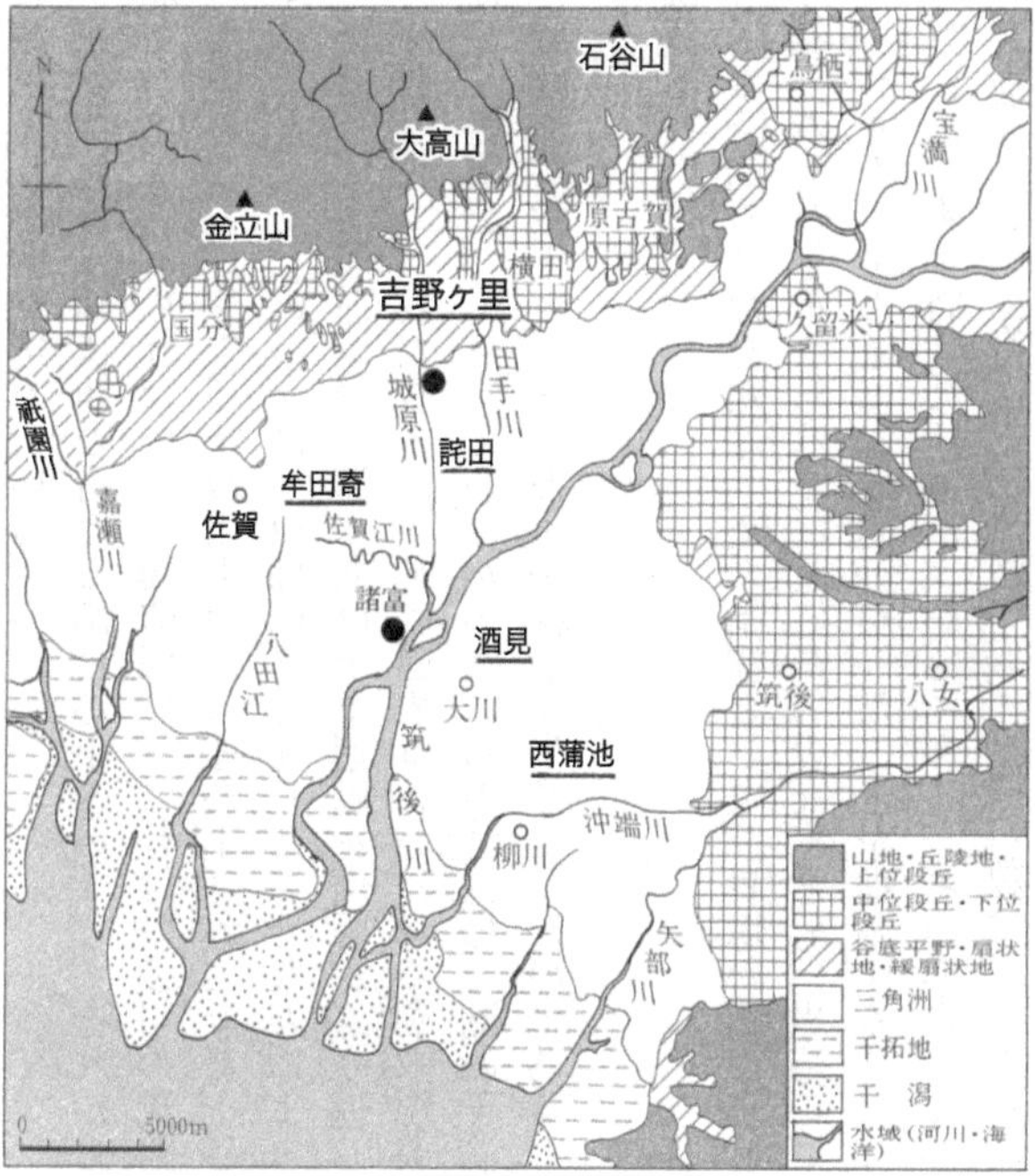

図17　有明海北岸地域の地形

北部の●は旧神埼津、南部の●は旧諸富津の位置。____をつけたものは弥生時代（一部、古墳時代にかけて）の遺跡。

何本かの澪《みお》がそれを切り込んでいる。

この平野の特色は、扇状地の占める割合が小さいこと、それから筑後川のつくった自然堤防があまりみられない点も興味深い。これは筑後川の流路付近で地盤沈下が起こっていること、および筑後川上流から運び出されてきた土砂が、途中であまり堆積することなく、いっきに河口部にまで達したことなどによると考えられる。

この平野では、縄文海進以降、海水面は上下運動を何回かくり返しているようであるが、それとともに、最大六メートルに達するといわれる潮汐《ちようせき》現象を無視することはできない。堤防がつくられていなかったころの汀線《ていせん》は、潮の干満によって、上下運動だけでなく、数千メートルの水平移動を生じていたのである。

貝塚は語る

過去のある時期の汀線を知るための指標として、貝塚が用いられることが多い。貝塚が汀線そのものを示すわけではないが、少なくとも、当時そこはすでに陸化しており、しかもそこが水域に比較的近かったことを推測することは可能である。

筑紫平野には、弥生《やよい》時代の遺跡がきわめて多く、その半数近くが貝塚を含んでいる。ざっと数えても、筑後川左右両岸で、貝塚の数は三〇カ所にのぼる（和島誠一・麻生優・田中義昭「北九州における後氷期の海進海退について」『資源科学研究所彙報』六三　一九六四)。しかも筑後川左岸では、弥生中期とされる柳川市の西蒲池《にしかまち》遺跡が、干拓地から四キロメートル足らずのところにせまっている。この事実は、縄文後期から弥生中期に至る間の陸化がきわめて速く、その後はやや停滞的であったことを物語る。

弥生時代の遺跡を、ほぼ全域に点在させるこの平野が、なぜ今なお湿潤な沼沢やクリークを広くとどめているのであろうか。誰しも抱く疑問である。その理由としては、①弥生時代ころの海水面は、現在よりも低位にあった、②地盤運動と有明粘土層の圧縮によって、地表面がその後低下した、③弥生時代のころ、筑後川やその支流に沿って中洲《なかす》状の砂堆《さたい》が、また海岸近くには河口洲《かこうす》や浜堤が発達しており、当時の人びとは、そのような微高地を選んで居住していた、などの点が指摘できる。いくつかの例をあげてみよう。

弥生時代前期の土器のほかカキ、アサリ、ハマグリなどの貝殻を出す詫田《たくた》遺跡は、筑後川右岸の神埼《かんざき》市に位置する。現在の地形は三角洲であり、地表面の高さはほぼ三メートルとなっている。ここでは表土五〇センチメートルの下に貝層が約一〇〇センチメートル堆積しており、基層(地山《じやま》)は青色粘土層(グライ土壌)であった。

この面を弥生時代前期の生活面と仮定すると、当時の地表面はプラス一五〇センチ程度であり、現在そこは満潮時に水面下となる。

筑後川左岸の大川市酒見《さけみ》には、弥生時代中期から古墳時代へとつづく酒見遺跡がある。ここからはカキ、ハイガイ、シジミなどの貝のほか、イノシシの骨が発掘されている。地表面下八〇〜一〇〇センチメートルのところから始まる厚さ三〇センチメートルの貝層の下は青灰色の粘土層であった。このような青色ないし青灰色の土壌は、そこの地下水位が高く、グライ化（還元）作用が進んでいることを物語る。現地表面のレベルがほぼ三メートルであるため、地下一三〇センチメートル近くに位置する弥生時代中期の生活面は、満潮時にやはり水没する。

弥生時代後期とされる牟田寄《むたより》遺跡は、佐賀市兵庫町《ひょうごまち》に位置する。ここでは、あたり一面にクリークが広がっており、標高は三メートルを超えない。この遺跡では、地表面下二メートルで厚さ三〇センチメートルの貝層があり、そこから籾《もみ》が出土したといわれる。ここでは、その後における地盤沈下の激しさが推測される。大阪市東方の河内平野にも、ゼロメートル以下を示す弥生時代の遺構が多い。したがって、有明海北岸のこの平野のみが例外的な現象を生じているというわけではない。

このようにして、いくつかの貝塚の基底面のレベルから、過去約二〇〇〇年間の環境変化、つまり一定の海面上昇と地表面の低下があったことがはっきりする。その値は二メートルを優に超え、三メートルに近かったと考えてよい。地質資料をみると、軟らかい有明粘土層の厚さは、筑後川沿いで二〇〜三〇メートル、佐賀市付近で五〜一〇メートル、柳川市付近は一五メートル程度となっている。この粘土層がかなりの圧縮を起こしたと考えられる。

当時の人びとは、このような不安定な平野の微高地に住み、満潮時には舟を使って隣村と往来していたにちがいない。海岸線は出入りに富み、川筋はいまだはっきりしたものではなかったが、その様子は、現在の干潟とそれを切り込む澪の形からも推測することができる。

狭い段丘と吉野ヶ里遺跡

このあたりで、城原川を少し上流にさかのぼってみよう。吉野ヶ里遺跡は、城原川と東の田手《たで》川に挟まれ、北から南に向かって緩く傾斜する狭い段丘面の上に位置する。この段丘は、中位面と低位面に、わりあい明瞭《めいりょう》に分けられる（図18参照）。中位面は、上志波屋《かみしわや》集落付近から南に向かって細長く延びており、北端の標高は三五メートルあまり、南端で約二〇メートルとなっている。この面は、ほぼ中央部の

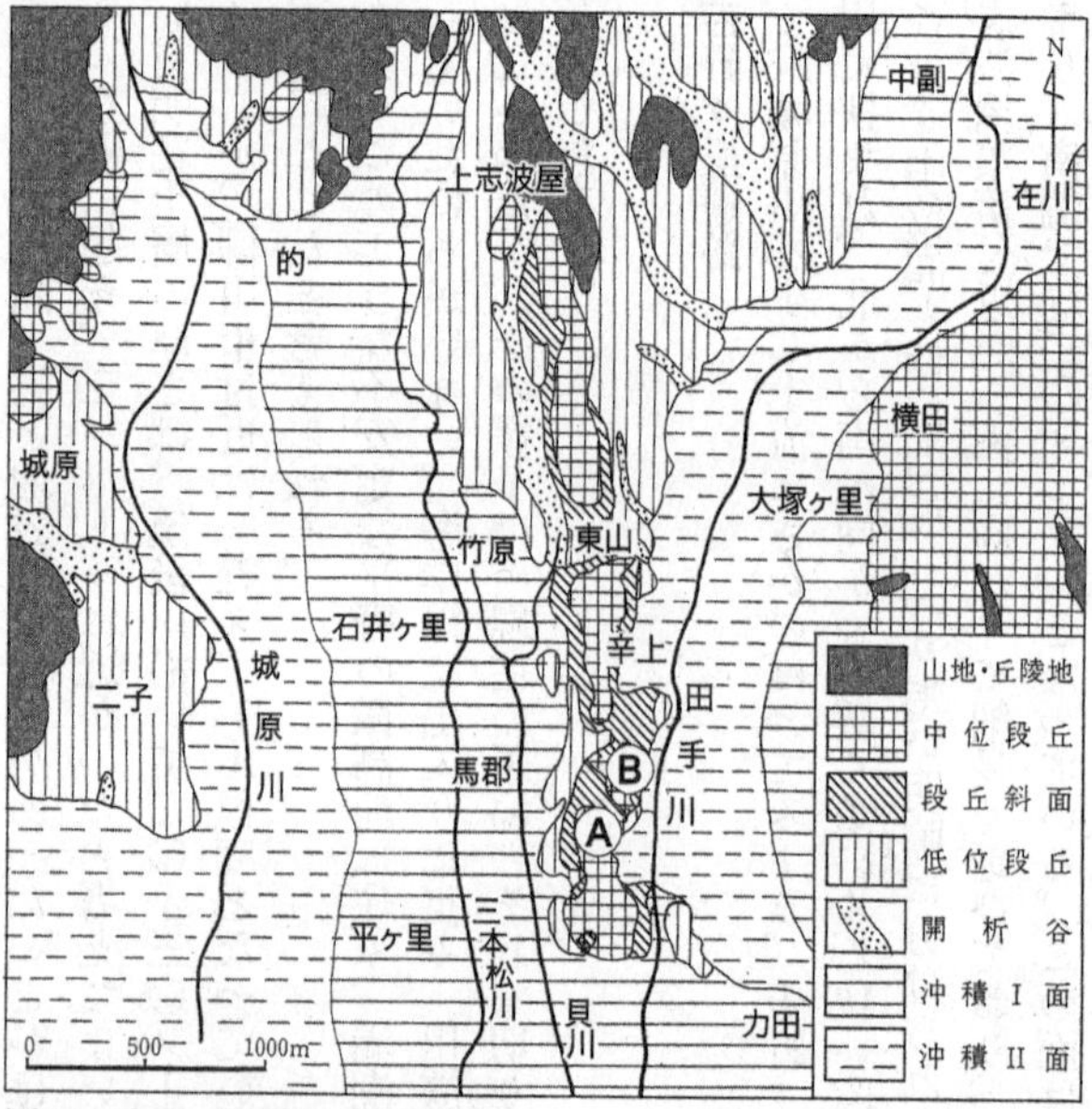

図18　吉野ヶ里遺跡付近の微地形

吉野ヶ里遺跡の現景観

見晴らしのよい段丘中位面に望楼と住居が位置し、右手前の下位面に倉庫がみえる。段丘面を縁どるように濠(空濠)と逆茂木がつくられている。

東山《ひがしやま》集落付近を境にして、北半分は連続性はよいが、南半分は三つのブロックに分かれている。二重の環濠《かんごう》を備えた集落はもっとも南のブロック（図中A）、そして墳丘墓は真ん中のブロック（図中B）の、それぞれ北端に位置する。この段丘は、ブロックに分かれるだけでなく、両サイドに複雑な凹凸《おうとつ》がみられる。東側の崖の輪郭を変えた理由として、田手川の側方浸食とそれにともなう崩壊のほか、人間による斜面の削り取りが考えられる。地元の古老の話では、屋敷の〝地高め〟（盛り土）をするために、採土がしばしば行なわれたらしいが、地形の人為的改変は、弥生時代にまでさかのぼる。

もうひとつの特徴は、中位面と低位面とのあいだが、険しい崖ではなくて緩やかな斜面となっていることである。周りの段丘と異なる点であるが、それはここが古くから人びとの手によって、さまざまなかたちで利用されてきたことによる。河川の側方浸食によって形成された崖に道がつけられ、あるいは耕して畑地とされた。中位面のてっぺんから流れ出した土砂が、斜面に堆積しているところも多い。

低位段丘は、東山集落以北においてわりあい広く展開する。この面は、いくつかの小河川によって切り込まれ、浅い谷（開析谷）をつくっている。周りの低地との比高は、上流部では大きいが、下流では崖があまりはっきりしない。東山集落の南では、中位面の西端にわずかに認められるに過ぎない。

この吉野ヶ里段丘の東には、横田集落をのせる中・低位段丘が、そして西方には城原・二子《ふたご》などの集落が立地する低位段丘がみられる。いずれも面積が広く、表面は平坦である。

遺跡をつつむ低地の環境と舟運

これらふたつの段丘のあいだ、すなわち吉野ヶ里段丘の両サイドには、北から南に向けて緩やかに傾斜する低地が発達する。この低地の標高は上流部で約三〇メートル、下流部で七～八メートルであり、全体としては扇状地の性格をもつ（図18参照）。しかし、よく注意してみると、同じ扇状地性の低地であっても、東の田手川沿いと西の城原川沿い、またそれぞれの低地の上流部と下流部とでは、地形の性格がかなり異なる。このような違いが弥生時代およびそれ以降の居住や生産活動に、一定の影響を与えたと考えられるため、その点について少しふれてみよう。

田手川流域の低地は幅がわりあい狭く、溝のようになっている。洪水の際には絶えず氾濫《はんらん》し、河道をしばしば変遷させたが、乱流の範囲は低地の幅のほぼ半分であった。上流では東に、そして下流では西に偏っている。そのことは沖積Ⅰ面と同Ⅱ

面の配列状態から知ることができる。I面は歴史時代を通して割合安定していたのに対し、II面は洪水にしばしばさらされた。

東山・大塚ヶ里《おおつかがり》両集落を結ぶ線より上流では、II面がI面を切り込むかたちになっているが、それより下流部では、両面のあいだにレベル差はほとんどない。すでに述べたように、上流部で浸食が、そして下流部ではわずかに堆積が行なわれたためである。右岸に溢《あふ》れた田手川の水は、東山集落より上流では低位段丘を、下流では中位段丘の裾《すそ》を削り、激しいときには、B地点で段丘を乗り越えて、東から西に流れたらしい。

これに対して、吉野ヶ里段丘西方の低地は幅が広く、田手川沿い低地の二倍に近い。ここには城原川のほか三本松《さんぼんまつ》川と貝川が、ほぼ平行して流れている。この低地もI・II面に大きく分けることができる。その境界は北部の的《いくわ》集落付近から石井ヶ里《いしいがり》をへて平ヶ里《ひらがり》集落の南に至るラインである。的から石井ヶ里付近までは、IとIIを分ける崖が明瞭であるが、それ以南ではあまりはっきりしない。田手川沿いと同じような傾向がここでもみられるのである。城原川は、左右両サイドに溢れたが、洪水流が吉野ヶ里段丘の裾にまで達することはなかった。

三本松川は、城原川より一段高いところを流れている。竹原《たかわら》集落付近で、比高は五メートルを超える。この川は水量が少ないが、やはり洪水の際には左右に溢れ、竹原および馬郡《まぐい》集落の東を流れ下ることも多かったと思われる。

注目すべきは、三本松川の東を流れる貝川である。水量は三本松川よりさらに少ないが、この川は主段丘とその西に孤立して存在する狭い低位段丘とのあいだを流れた形跡がある。その時期は今のところはっきりしないが、もし弥生時代ころであったとすれば、この細流の果たした役割は大きかったといえるであろう。それは集落を分断するものであり、舟運に利用された可能性もある。

ところで、当時の汀線は、遠く一〇キロメートル以上のかなたにあったが、筑後川やその支流がメアンダー（蛇行《だこう》）し、入江も多く、あたり一面は水郷景観をなしていた。舟は諸富《もろどみ》付近から詫田あたりを通って、吉野ヶ里のすぐ下にまで近づくことができた。なかでも段丘東側の田手川とこの貝川が、もっとも重要だったと考えてよい。これらふたつの川は、洪水の際には段丘の裾を削る危険なものであったが、人びとに交通上の便を与え、吉野ヶ里集落防衛の点でも、一定の役割を果たしたはずである。

神埼荘と中世の港

弥生時代の地形環境について、スペースを少々とりすぎたような気がする。このあたりで話を中世に移そう。神埼荘《かんざきのしょう》は城原・田手両河川の流域に成立した、非常に起源の古い荘園《しょうえん》である。承和《じょうわ》三年（八三六）に空閑地六九〇町歩が勅旨田《ちょくしでん》に設定されて以後開発が進められ、鎌倉時代の後期には、田地が三〇〇〇町歩に達したといわれる。

徐福伝説でも知られているように、この地域は、古くから中国大陸との交流が盛んであり、神埼荘の時代には平清盛《たいらのきよもり》の父、忠盛《ただもり》が宋《そう》と交易を行なっている。当時の船は、神埼荘のどこに来着したのであろうか。興味のもたれるところである。

ここでも十二〜十三世紀ころの地形環境を推定することからはじめよう。弥生時代以降、海岸線は二〇〇〇〜三〇〇〇メートル前進したが、三角洲地域は依然として低湿で、不安定な状況にあった。土砂の堆積にともなって、河道は少しずつ明確になってきたが、同時にメアンダーをより激しいものとした。その一端は、諸富砂洲背後を西から東に流れる佐賀江《きがえ》川から知ることができる（図17参照）。

以上に対して、扇状地ないし緩扇状地を北から南に流れ下る城原川や田手川は、さほど大きく蛇行していない。そのかわり、洪水時には左右に激しい氾濫をくり返したのである。空中写真をみると、城原川や田手川の旧河道は、いずれも左岸に分布することがわかる。これは歴史時代において、川が東から西へと徐々に移動したことを物語る。現在の河道はスムースであり、また一部で条里型土地割に沿っているが、これは川筋の移動と固定に人間の果たした役割が大きかったことを示している。

城原川のほぼ中央部（図19のB地点）が、現在の潮の遡上《そじょう》限界である。中世のころには、もう少し上流まで潮は達していたはずである。このころ、城原川の水量はもっと豊かであったであろうし、東側の二本の分流（現旧河道）も、より多くの水をたたえていたと思われる。あるいは、こちらが本流だったのかもしれない。

有明海を北上してきた船は、外港諸富津で潮の状況を確かめたのち、満潮を見計らって、櫛田《くしだ》神社付近にまでいっきにさかのぼった。諸富津を終点としないで、扇状地の末端部にあたる櫛田神社の門前（図19のA地点）までさかのぼったと解する理由はいくつか考えられる。すなわち、櫛田神社あたりまでは河床の傾斜がきわめて緩やかであるため、一定の水深さえあれば、たやすく到達することができた。そして、そこは土地がかなり安定しており、ムツゴロウがすむ軟弱な干潟より、着船がずっと容易であった。船は、現城原川の流路沿いではなくて、櫛田神社に近い旧

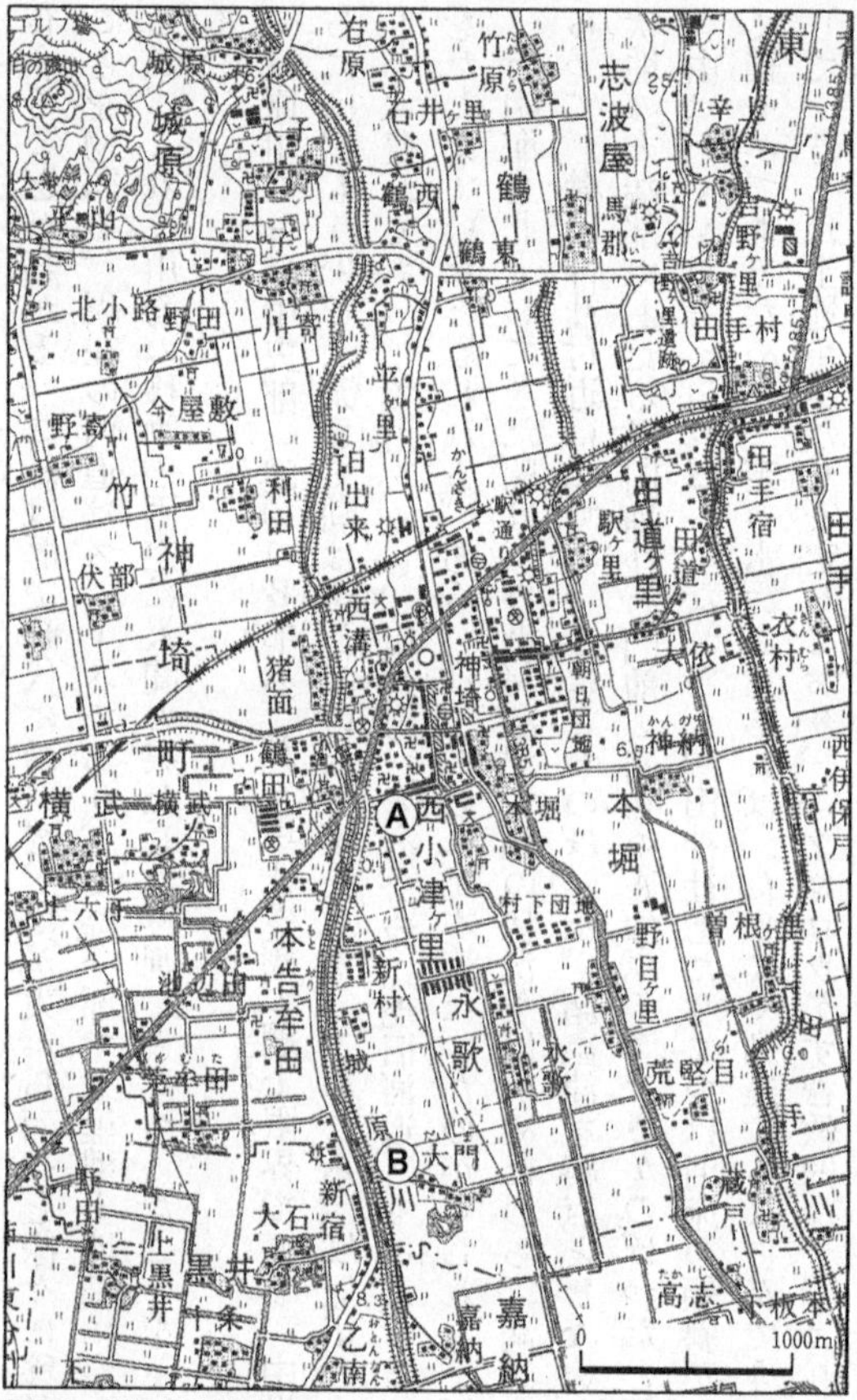

図19　城原川と神埼津

A：櫛田神社、B：潮の遡上限界（国土交通省国土地理院発行5万分の1地形図「佐賀」より）

櫛田神社(櫛田宮)
櫛田神社は、中世には神埼荘の鎮守社とされ、農業神としても崇敬されてきた。境内には本地堂、能舞台、石造肥前鳥居などがあり、多くのクスの大木が茂る。

河道付近に着岸したことであろう。当時は本流と支流を結ぶ運河が掘られていたかもしれない。そして船は川や運河の岸に杭《くい》を打ち、またそこから突き出した桟橋に繋留《けいりゅう》されたものと思われる。

櫛田神社付近は、古くから交通の要衝をなしていたらしい。たとえば、櫛田神社の東北二キロメートルのところに駅家《うまや》を思わせる地名「駅ヶ里《えきがり》」が今も残されており、そこを経由して東西に走る道は、近世には長崎街道と呼ばれた。また櫛田神社の南に残る地名「小津ヶ里《おづがり》」は、かつての港の存在を思わせる。このあたりは船が行き交い、あるいは船だまりともなったことであろう。

このようにして、古い時代には潮汐が港の成立にきわめて大きい意味をもったが、後述するように、潮差が三〇～五〇センチのラグーンは風待港《かぜまち》、避難港としての性格が強く、潮差二メートル前後のラグーンでは、潮汐を巧みに利用して入港と出港が行なわれた。これに対し、潮差が四メートルを超える有明海北岸のような干潟では、遡上限界付近が港の立地点となったのである。

第9章　ラグーン（潟湖）型平野と古代の港

コンパクトな平野

ラグーンは、平野を構成するひとつの微地形単位であって、扇状地や三角洲《さんかくす》とは概念が異なる。自然堤防、後背低地、旧河道などと同様、ランクがひとまわり小さいのであるが、ここではあるひとつの平野において、この地形の占める割合が比較的大きい場合はラグーン型平野と呼ぶことにする。鳥取県の淀江《よどえ》平野、石川県の邑《おう》知潟《ちがた》平野、千葉県の九十九里《くじゅうくり》浜《はま》平野などがこれに当たる。弥生《やよい》時代ころ以降、扇状地や三角洲がおもに生産の場、居住の場であったのに対し、ラグーン型平野は交易や消費の場として重要な役割を果たしてきた。

図20はオーストラリアの地形学者E・C・F・バードのつくった模式図である。これを参考にしてラグーンの構造をもう一度考えてみよう。上の平面図では、下（南）の部分が海であり、その海に平行して砂洲《さす》が左右に延びている。そして背後に発達するのがラグーンである。これはかなり規模の大きなラグーンを想定したものであり、左のほうから川が流れ込んでいる。川から淡水（真水）が流れ込むのに対し、右下にある潮口《ちょうこう》からは潮の干満によって海水が出入りする。

下の断面図を見るとわかるように、干潮と満潮で右のほうは水位が上下するとともに、塩分の濃度も変化する。潮汐《ちょうせき》だけでなくて、雨の多い季節と少ない季節とでもほぼ同じような変化を生ずる。

もう一度図20の上の部分を見ると、淡水の傾向の強い左のほうにヨシ類の植物がよく茂ることがわかる。真ん中に汽水、すなわち塩水と淡水の中間の性質を示すところが広がっているが、もし北のほうから川が流れてくると、ここに小さいデルタのような砂洲ができて、やがてラグーンがいくつかに分断される。図20には「砂《さ》嘴《し》」という言葉で示してあるが、鳥のくちばしのように先のとがった地形がちょうど真ん中にできる。右のほうの潮の満ち干によって汀線《ていせん》が変化する部分に干潮ラインと書いてあるが、とくに潮口の部分で砂が移動している様子がわかる。そして干満によって見えかくれする干潟には塩分に強い植物（ゾステラなど）が茂る。

このようなラグーンをつつむ砂洲は、岬の先端や山麓《さんろく》から延びるものが多いが、ほかに陸地から少し離れたところにできる沿岸洲《えんがんす》やいくつかの島を核にして断続する連鎖状砂洲もある。いずれにせよ、ラグーンは砂洲とセットでとらえる必要がある。

図21は日本の砂質海岸の分布状況を示したものである。この図では北海道を省略しているが、沖縄を除く北海道・東北から九州にかけて五万分の一地形図上で計測した結果、海岸線の約一九パーセントが砂質海岸であった。世界全体では一三パー

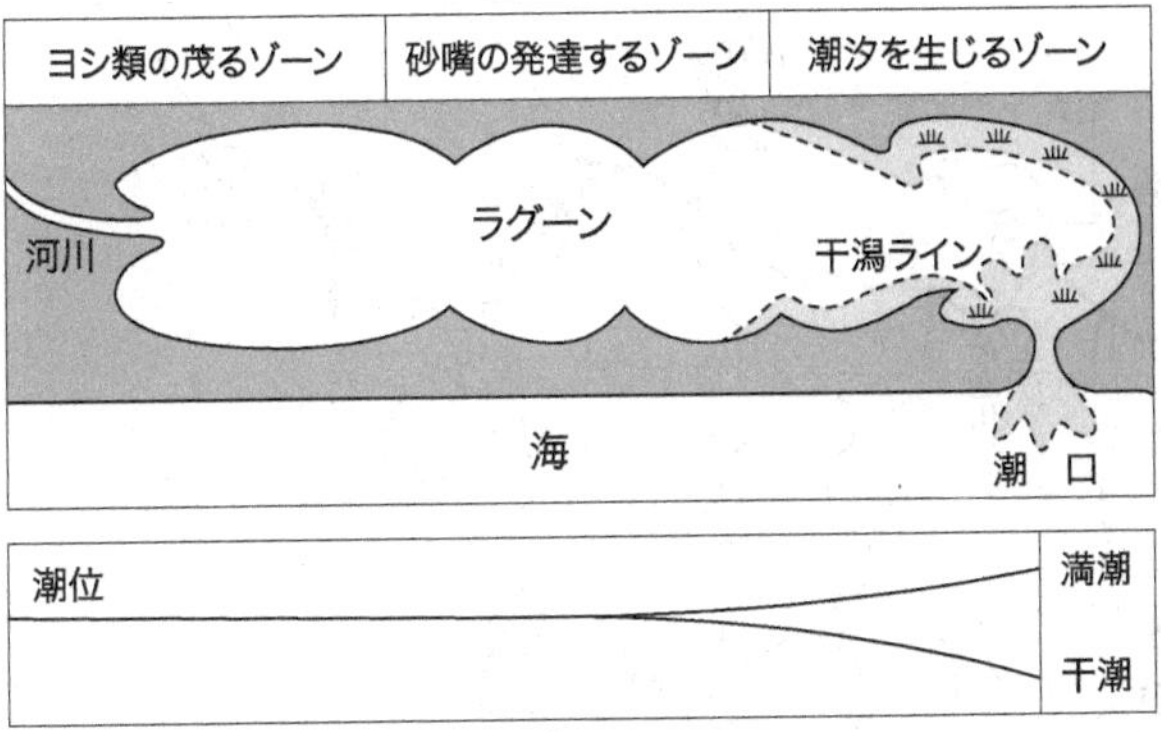

図20　ラグーンの模式図
上はラグーンの平面図。下は潮位を示す断面図。(E.C.F.バード、1965より)

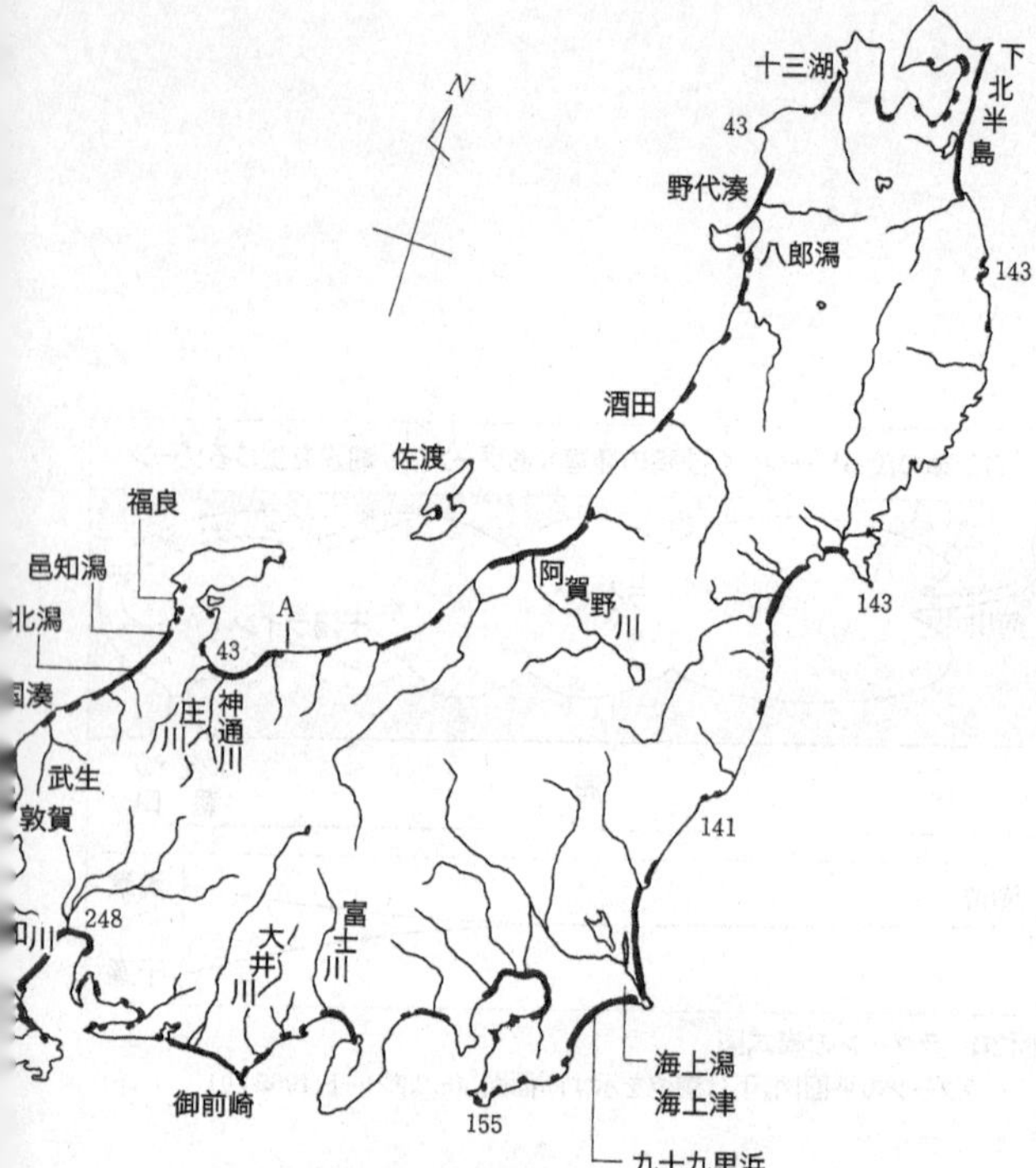

図21　日本の砂質海岸（北海道・沖縄を除く）
図中の数値は1976年から1980年までの最大潮位差（cm）。日本海側の海岸に付けたAは東部と中央部、Bは中央部と西部の境界地点にあたる。

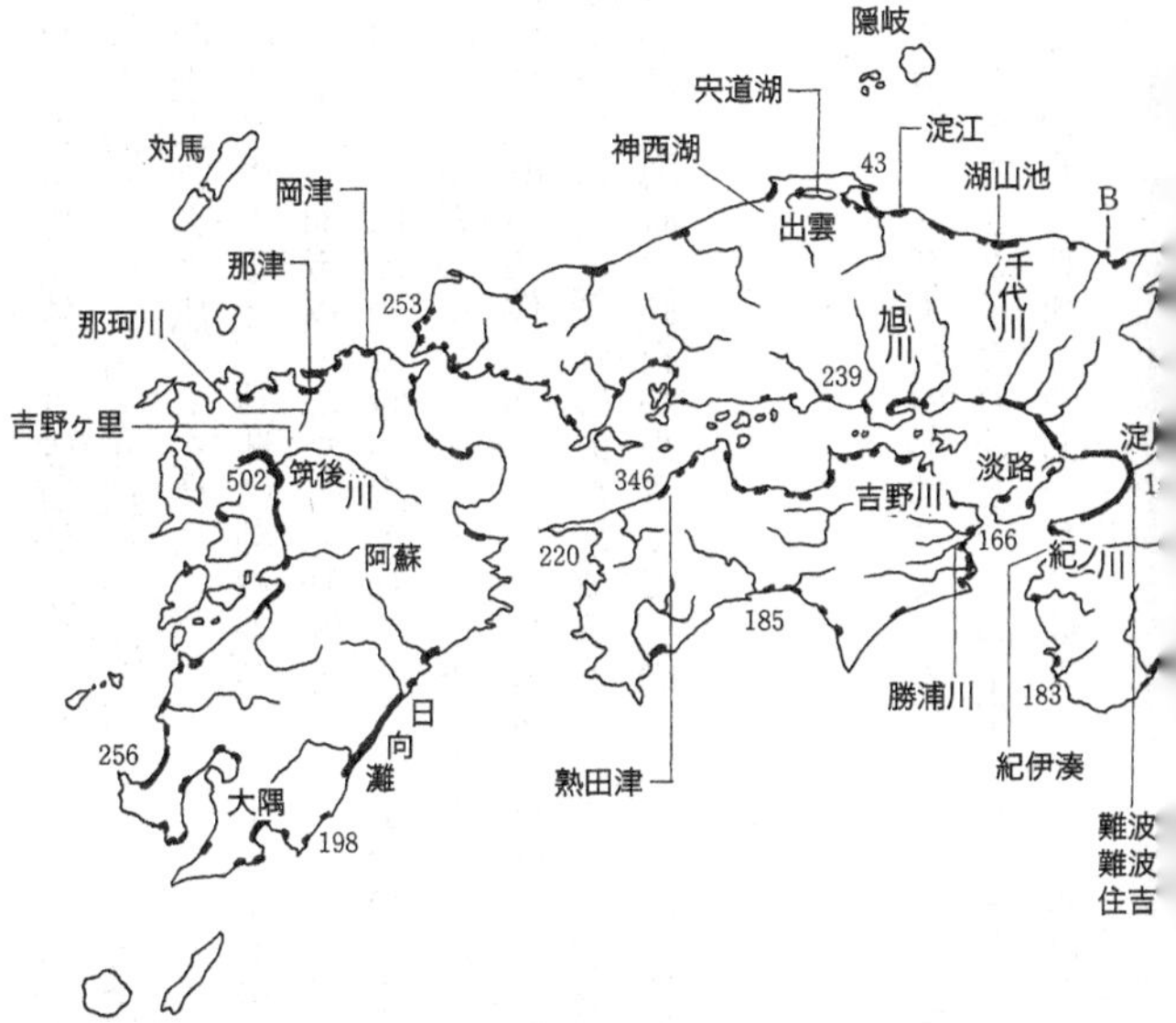
隠岐
宍道湖
淀江
対馬
神西湖
43
湖山池
岡津
B
出雲
那津
千代川
253
那珂川
旭川
239
吉野ヶ里
502
筑後川
346
淡路
吉野川
166
阿蘇
220
紀ノ川
185
日向灘
256
勝浦川
183
熟田津
紀伊湊
大隅
198
難波
難波
住吉

セントといわれているので、日本は世界全体より砂質海岸の占める割合が若干高いことになる。砂質海岸は、日本海沿岸をはじめ下北《しもきた》半島、鹿島灘《かしまなだ》から九十九里浜、御前崎《おまえざき》付近、九州の日向灘《ひゅうがなだ》、吹上浜《ふきあげはま》などに広く分布する。

イギリスの地形学者J・ペシックによると、砂洲は潮汐差が二メートル前後以下の海岸につくられやすい。四メートル前後以上になると砂洲ではなくて、干潟や三角江がつくられるが、これは潮の干満によって砂が流されてしまうからである。図21をみると、日本海沿岸では潮汐差が五〇センチメートル以下であり、しかも冬の季節風が強いため、砂洲の形成に絶好の条件にある。いっぽう太平洋側でも、潮汐差が二メートル前後以下のところでは、立派な砂洲が形成される。砂洲が形成されるためには潮汐差や波浪のほかに、海底の傾斜が小さくて、周りから砂が供給されることが必要である。

並び浜と潮口

海岸線に沿って延びる砂洲や背後のラグーンの形はさまざまであるが、平面形態からふたつのタイプに分けることができる。そのひとつは海岸線にほぼ平行して延びる何本かの砂洲があって、その砂洲と砂洲とのあいだに細長くて浅い水域が介在するタイプである。メキシコの太平洋岸に面したナヤリト海岸にこの典型的なものがみられる。ここでは砂洲が数百本も並んでいるが、日本では新潟県の阿賀野《あがの》川河口右岸に一〇本ぐらい走るものがあり、太平洋側では九十九里浜平野にこれに近い地形がみられる（図22参照）。

このようなタイプのラグーンのほとんどはすでに干上がって田に変わったり、市街地の下にかくれてしまっている。大阪府の上町台地から北に延びるこのような砂洲とラグーンは、『日本書紀』のなかで「並び浜」と称された（仁徳天皇二十二年正月条、二五ページ図1参照）。

つぎは一本のかなり大きい砂洲の背後にラグーンが発達するタイプである。砂洲の幅は数百メートルから数千メートル、高さは二～三メートルのものが多いが、長さは数千メートルに達するものもある。ラグーンの形もさまざまで、一般に幅が広くて丸い。日本海沿岸の淀江《よどえ》（鳥取県）、東郷湖《とうごうこ》（鳥取県）、八郎潟《はちろうがた》（秋田県）、瀬戸内海に面した津田《つだ》（香川県）などがこれに当たる。

砂洲は、どちらか一方の岸から延びるタイプと両サイドから延びてきてオフセット（先端が届いていないもの）ないしオーバーラップしているものがある。淀江、羽咋《はくい》などは前者のタイプであり、八郎潟、和歌浦などは後者に当たる。たとえば和歌浦では西北から片男波《かたおなみ》砂洲が東南に延び、南から毛見《けみ》砂洲が北に向けて延び、両砂洲がオーバーラップしたところに和歌川が注いでいる。八郎潟は干拓工事によって潮口《ちょうこう》の部分が著しく改変されたが、かってはオーバーラップの様子がみられた。

ここでひとつの例をあげてみよう。鳥取県の西端に近い淀江である（図23参照）。すでに述べたように、ここは低地が乏しく、ラグーン型平野にふさわしい。弥生時代から古墳時代のころ、壺瓶山北麓《つぼかめやまほくろく》の西原《にしばら》付近からゆるく弧を描いて東北に延びる幅五〇〇〜六〇〇メートルほどの砂洲があり、その背後に丸い形をしたラグーンが残されていた。潮口は砂洲先端部（現鳥取藩台場跡付近）である。砂洲背後（図23のC地点）の地質資料をみると、深さ一二〜一三メートルまではシルト質粘土ないし粘土となっており、ラグーンの特徴をよく示している。

ラグーン東方の小さい扇状地に位置する福岡《ふくおか》遺跡（図23のA地点）から弥生時代中ごろの船の櫂《かい》が発見されており、ラグーンに限らず、波の穏やかな時には潮口から外海に出て漁撈《ぎょろう》を行なっていたことが知られる。少し奥まった山あいの上淀廃寺《かみよどはいじ》跡《あと》から白鳳《はくほう》期の彩色壁画が発掘された。七世紀のころ、渡来人を乗せた船はゴツゴツした島根半島の岩石海岸をさけて美保《みほ》湾に入り、さらになめらかな夜見ヶ浜《よみがはま》、そして淀江砂洲に沿って東へ進み、やっとの思いで淀江ラグーンにたどりついたこと

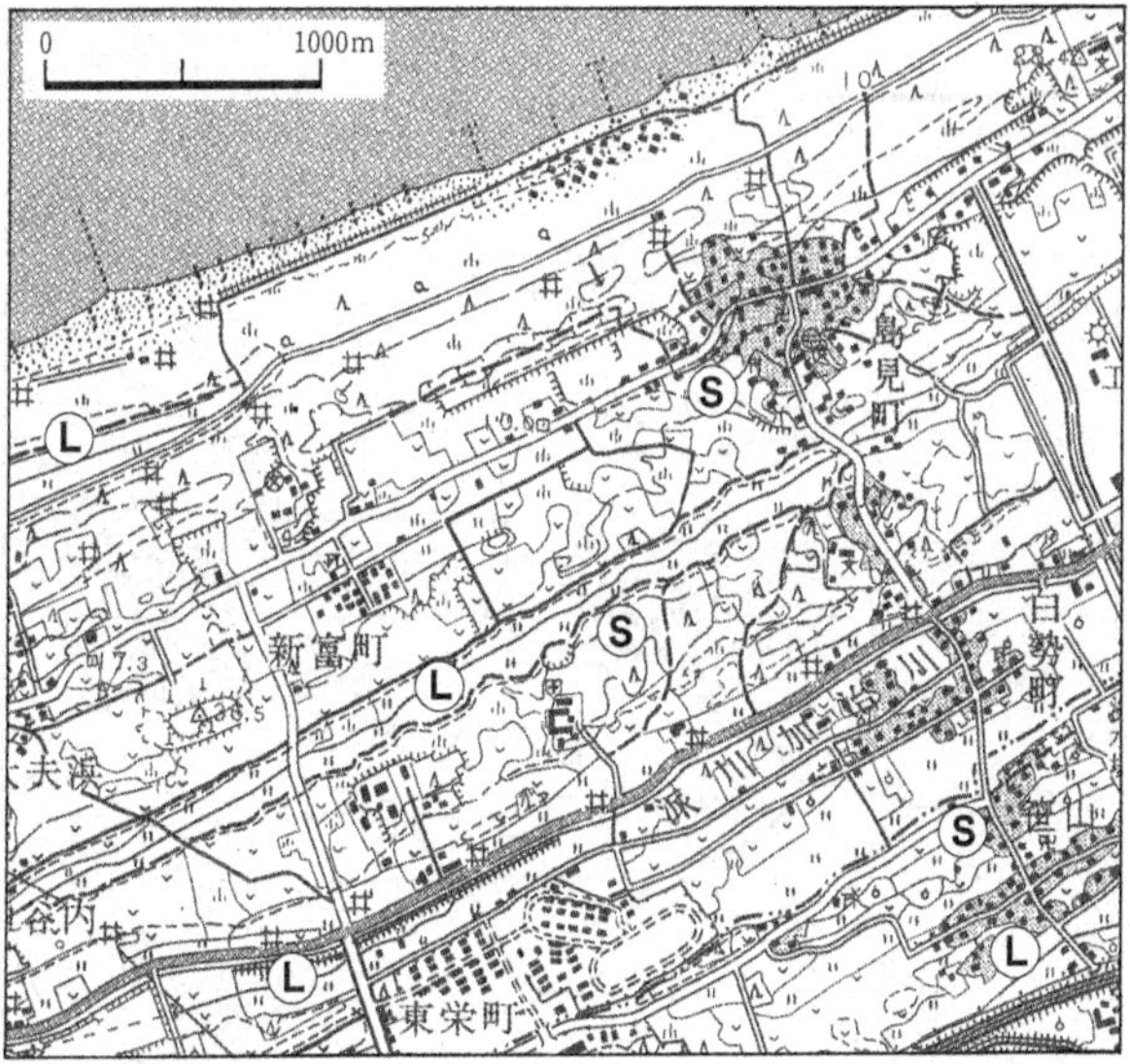

図22　砂洲と旧ラグーン

砂洲とラグーンが交互に並行して走っている様子がよくわかる。砂洲は標高が10mくらいで、そこは集落や畑となっている。ラグーンの部分には水路が走っており、そのひとつが派川加治川である。

L：旧ラグーン、S：砂洲。（国土交通省国土地理院発行5万分の1地形図「新潟」より）

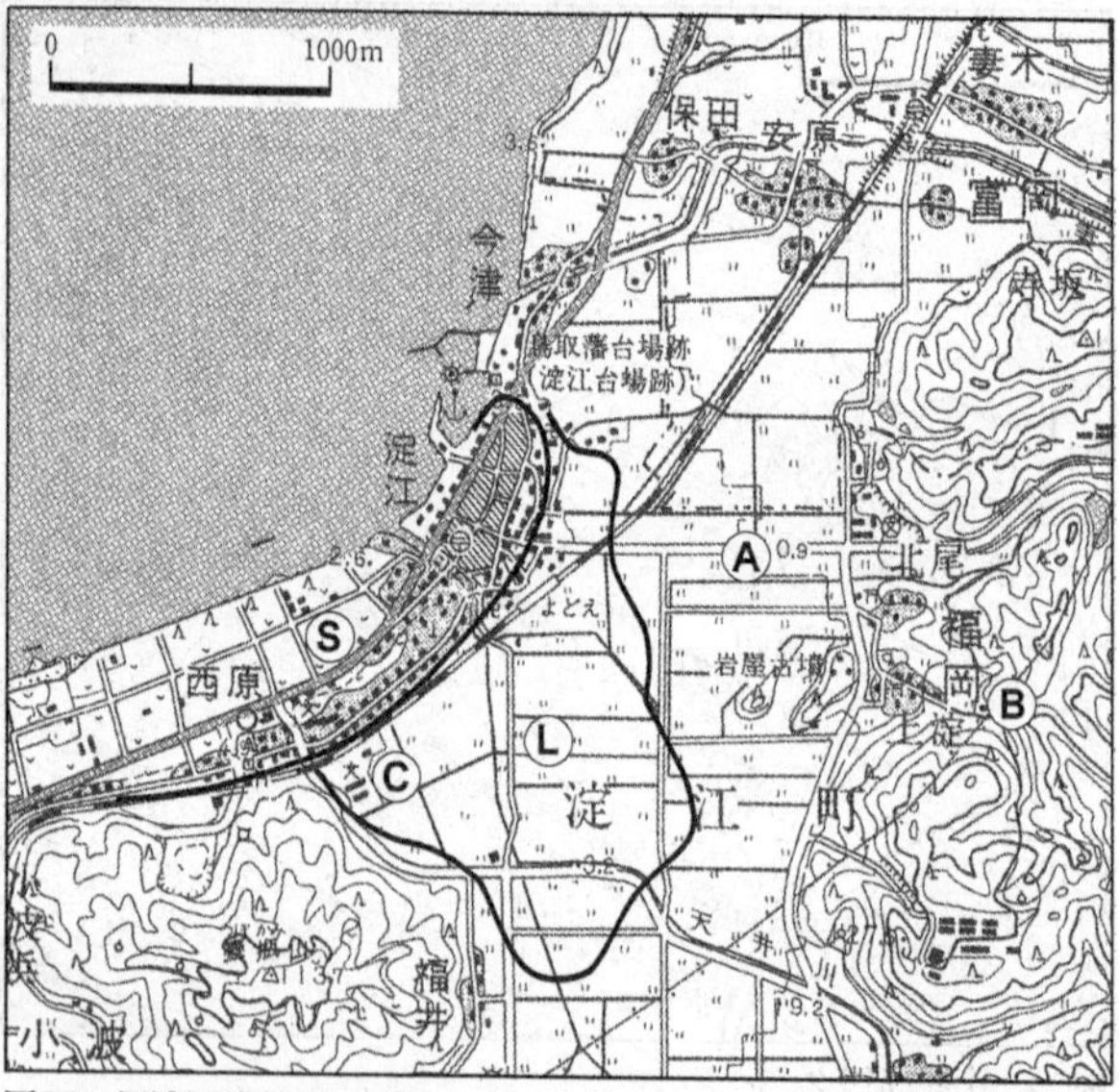

図23　旧淀江津付近の景観

現在はすっかり田となり、区画整理が行なわれている。
A：福岡遺跡、B：上淀廃寺跡、C：地質資料の地点（淀江小学校）、L：旧ラグーン、S：砂洲。（国土交通省国土地理院発行5万分の1地形図「米子」より）

であろう。

ラグーンの盛衰

すでに述べたように、今ではラグーンのほとんどが消滅しており、当時の景をとどめるものは少ない。あるラグーンは河川が運び出してくる土砂や砂丘からの飛砂によって自然に、他のものは排水と干拓によって人為的に姿を消した。消滅の歴史は一定しないが、そのプロセスを辿《たど》ってみよう。

およそ一万八〇〇〇年前、現在のレベルより一〇〇メートルあまりも低かった海面が上昇を開始する。六〇〇〇年くらい前には、現在とほぼ同じレベルかあるいは現在より若干高くなった。六〇〇〇〜五〇〇〇年前に、海面の急上昇が収まってやや停滞する。そのころ、砕ける波の背丈くらいの深さの所に砂の高まりができ、やがて水面上に顔を出して砂洲となった。そしてもとの陸地と新しい砂洲とのあいだに深い入江や大小の内湾《ないわん》ができた。規模の大きい例として、福井平野、酒田《さかた》平野、紀ノ川平野、大阪（河内）平野などがあげられる。両側を山地によって囲まれた地溝状の低地に発達した例としては出雲平野、邑知《おうち》潟《がた》平野、佐渡《さど》の国中《くになか》平野などがある。

六〇〇〇年前ころ以降は、海水面のレベルはあまり動かず、逆に若干低下するいっぽう、上流から運び出されてくる土砂によって水域は徐々に浅く、そして狭くなっていく。入江や内湾がラグーンへと変化するようになる。このようにして、ふたつめのタイプのラグーンは、もとからラグーンであったのではなくて、入江や内湾の変化したものである。

では、いつのころからラグーンのような形になったのであろうか。一概にはいえないが、二五〇〇～二〇〇〇年前ころには、ほぼラグーンの地形ができていたと考えてよい。縄文時代の終わりから奈良時代のころに、最もラグーンらしいラグーンが日本海沿岸をはじめ各地の砂質海岸に数多く見られたはずである。弥生時代から古墳時代ころにかけては、いわばラグーンの壮年期、今はやりの言葉では〝熟年期〟にあたる。渤海使《ぼっかいし》が日本へ盛んにやってきた八～九世紀ころは、若干ラグーンが老化していたと考えられる。

このようにして、かつてのラグーンの九〇パーセント以上は消滅してしまった。残るものでも、大きく形を変えている。ではいつごろ、どのようにして消滅へと向かったのであろうか。

大阪湾周辺や京都盆地では、十世紀から十三世紀ころに平野が上下ふたつの面に分かれる。そして低い面だけで洪水が起こり、高いほうの面はほとんど浸水しなくなるとともに、灌漑《かんがい》の不便をきたすようになった。このようにして、中流部で浸食がおこり、その土砂が下流部へ運ばれて河口付近に堆積《たいせき》した結果、ラグーンを消滅させたという考えである。いっぽう九世紀末ころ、気温の低下にともなって冬の季節風が卓越しはじめ、砂洲から飛ばされてきた砂によってラグーンが浅くなるとともに、海面の低下と強い沿岸流によって潮口が閉塞《へいそく》されてしまった。

以上が推測される自然のプロセスであるが、ラグーンは人間の手によっても縮小と消滅の速度を早めた。それは上流域における森林の伐採や採土・採石・開墾などによる土砂流失量の増大と河口部での堆積、砂洲を切る排水路の掘削である。すでに述べたように、「難波堀江」が嚆矢《こうし》といえる。ほかに淀江、羽咋などがあげられる。いずれも砂洲先端の潮口が閉ざされた結果、排水が困難となったため、砂洲の付け根やほぼ中央部を掘削してラグーンを海につないだ。この排水路は浸食されて徐々に大きくなり、「難波堀江」は大川《おおかわ》、邑知潟では羽咋川、淀江では宇田《うだ》川と呼ばれている。

九十九里浜平野の東北端に位置するラグーン「椿《つばき》の海《うみ》」は近世に干拓され、「干潟八万石」と呼ばれる美田となった。万葉のころ、汀線近くに数条のラグーンがあ

り、そこが港としてしばしば利用されていたことは、

夏麻《なつそ》引く海上潟《うなかみ》の沖つ洲に鳥はすだけど君は音もせず　（一一七六）

鹿島の崎に……夕潮の　満のとどみに　御船子を　率《あど》ひ立てて　呼び立てて

御船出でなば　浜も狭に……海上の　その津を指して　君が漕ぎ行かば　（一七八〇）

などからもうかがい知ることができる。当時の「海上津」は、千葉県の旭《あさひ》市付近にあったと考えられる。

以上に対して、形を変えつつ今なおラグーンの名残りをとどめているもの、あるいは近年までとどめていたものは日本海側に多く、北から青森県の十三《じゅうさん》湖、秋田県の八郎潟、石川県の河北《かほく》潟、鳥取県の湖山《こやま》池、東郷湖、島根県の神西《じんざい》湖などがあげられる。共通していえることは、ラグーンをつつむ砂洲の規模が大きく、しかも古い点である。砂洲の表面には、風によって飛ばされてきた砂がおおっており、一見砂丘のようであるが、掘ってみると、中にはよく締まった古い地層が堆積している。開削は容易でなかったのである。

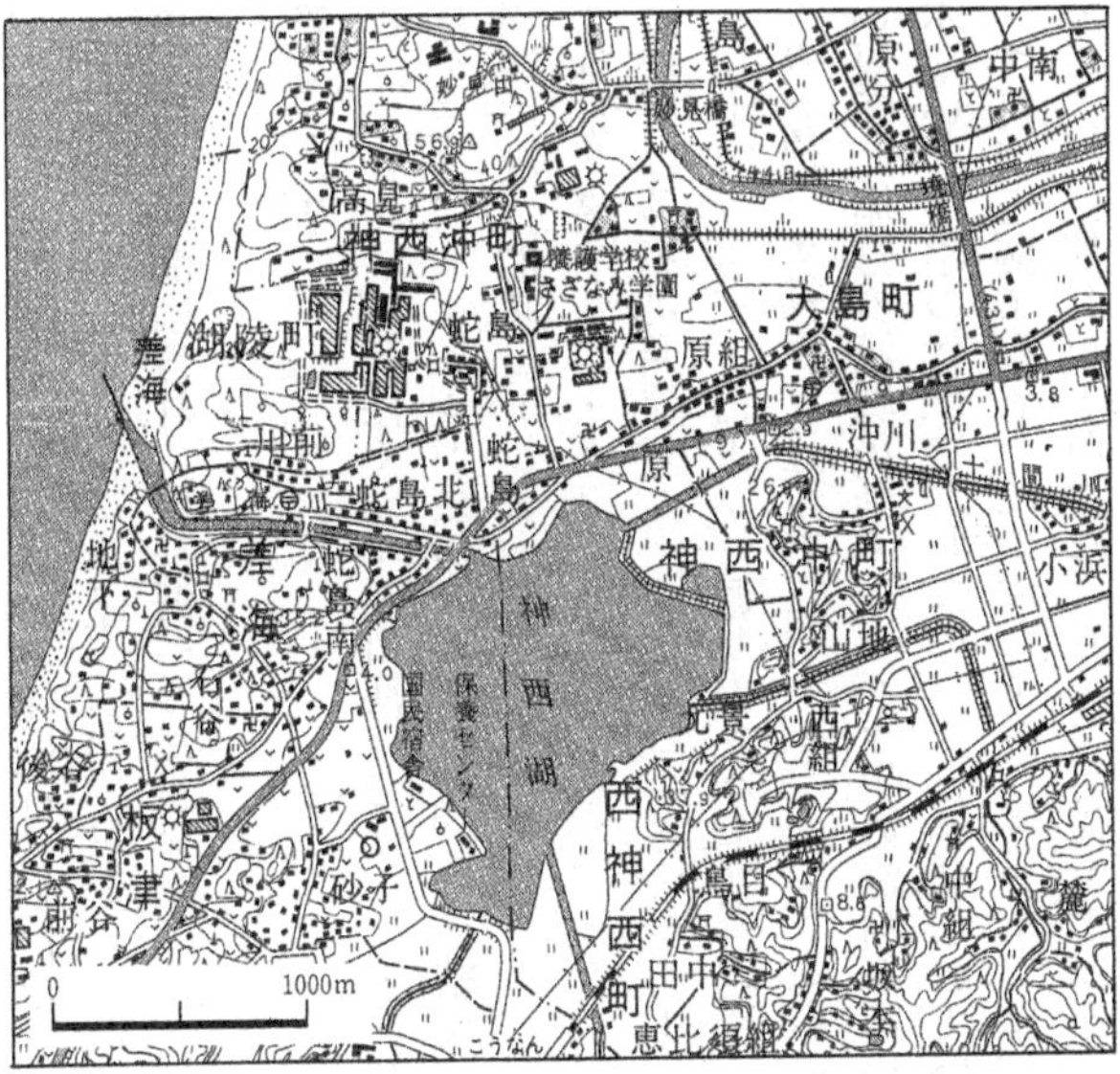

図24　神西湖と差海川

神西湖はもともとラグーンであった。西方の砂洲は形成の歴史が古く、標高も30m以上に達する。東北角は神戸川である。(国土交通省国土地理院発行5万分の1地形図「大社」「石見大田」より)

たとえば、出雲平野の西南の隅にある神西湖は、神戸川《かんど》(図24の東北角)の堆積によっていったん独立した湖となったが、貞享《じょうきょう》三年(一六八六)ころに砂洲を切る排水路「差海川《さしみ》」が開削され、再び海につながった。

木造船の着くところ

ギリシアのメッシーナ湾に注ぐカルヤ川河口では、ローマ時代以降、海岸線は海のほうに向けて三〇〇メートル前後移動している。その結果、河口付近のラグーンに成立した当時の港は消滅してしまった。

アメリカの地形学者J・C・クラフトらによると、ローマ時代のころ、ギリシアのカルヤ川河口には砂洲が発達し、その背後に小さいラグーンが抱かれていた。そのことは、ボーリングコア(地下から掘り出された地質資料)に含まれていたセルプラ(ゴカイの一種)を分析した結果、明らかである。さらに当時のラグーンでは、水量の少ない夏季に塩分の濃度が高く、カルヤ川の流量が多い季節には塩分が薄められて、汽水ないし淡水の状況をなしていたことが知られている。

砂洲によって外海と隔てられ、波のおだやかなラグーンは、底が浅くて扁平《へんぺい》な曳《ひ》き船を繋《つな》いでおくのに都合がよかった。ローマ時代およびそれにつづく時代の陶器の破片や壺《つぼ》が、当時のラグーンの部分から発掘されており、ここがローマ時代以降、かなり長期間にわたって船着き場をなしていたことがよくわかる。

日本でも、縄文時代の終わりころから奈良時代ころにかけて、ラグーンが船着き場として利用されていたことは間違いない。すでに述べた「淀江津《よどえつ》」、「海上津《うなかみつ》」のほか、「住吉津《すみのえのつ》」、「難波津《なにわづ》」、「那津《なのつ》（娜大津《なのおおつ》）」、「熟田津《にぎたつ》」などは、すべてこれにあたり、『記紀』や『万葉集』にしばしば出てくるところである。

ところで、鳥取市の市街地に近い湖山池《こやま》の東南岸に位置する桂見《かつらみ》遺跡から、縄文時代後期から晩期ころの丸木舟が発見された。全長七・二四メートル、幅〇・七四メートルで、これまでに発掘された丸木舟のうちで最大といわれる。付近一帯から石錐《せきすい》や櫂《かい》もみつかっており、当時ここを拠点として漁撈や交易が広く行なわれていたことが知られる。縄文時代のころには、湖の北部を西から東に延びる砂洲の背後一帯は広い入江をなしていた。その後、入江は千代川《せんだい》によって徐々に埋積されて陸地となり、堆積の及ばなかった入江の奥が独立湖「湖山池」としてとり残されることとなった。そしていまでは排水路「湖山川」によって、わずかに海に通じているのみである。

カルヤ川河口では、ローマ時代以降砂洲が海に向けて移動したが、千代川河口左

縄文時代の大型丸木舟

1993年10月に桂見遺跡から発掘された。杉材をくりぬいたものであり、船底の内面には焦げ跡がみられ、火で焦がしながら石器で削っていった様子がうかがえる。この丸木舟には4人くらいの人が乗れたようである。(鳥取県埋蔵文化財センター提供)

岸では縄文時代末以降、砂洲背後で埋積が進み、入江からラグーン、そして独立湖へと変化した。

来渤海使と対馬海流

日本海に面したラグーンの多くは、漂着船の受け入れ港、避難港としての役割をも果たしていた。遣隋使《けんずいし》や遣唐使《けんとうし》が東シナ海を渡るのが困難であったのと同様、朝鮮半島の東海岸を南下してきた船が、対馬《つしま》海峡を横切るのも容易なことではなかった。渤海使来着の模様から、そのことについて少し述べてみよう。

渤海使《ぼっかいし》は、八世紀の前半から約二〇〇年間にわたって前後三五回、日本へやって来た。仮に越後《えちご》国以東を東部、能登《のと》国から若狭《わかさ》国にかけてを中央部、丹後《たんご》国以西を西部というように三地区に分け、来着場所とその時期との関係についてまず考えてみたい（一六八～一六九ページ図21参照）。

全期間を通じて東部が七回、中央部が一一回、西部が一二回、到着場所不明が五回となっている。前半期を西暦七二七年から八一九年までと仮定すると、この間に合わせて一九回やってきているが、東部は出羽《でわ》国野代湊《のしろみなと》など七回全部が前半に集中している。そして中央部は前半期に越前《えちぜん》国三国湊《みくにみなと》など五回と後半期に六回、西部すなわち丹後半島あたりから山陰地方では前半期が三回で後半期が九回となっている。これらの事実は、渤海使が最初のころは対馬海流によってははるか東方にまで流されることが多かったが、後半になると波を切る技術というか、経験から航海がうまくなり、また船の性能がよくなったため、伯耆国《ほうき》・出雲国など丹後半島より西の港にたどり着くことができるようになったことを暗示させる。

『続日本紀』には、

一百八十七人を遣して、……我が岸に著《つ》く比《ころほひ》、忽《たちま》ち悪風に遭《あ》ひて柁《かぢ》折れ帆落ちて漂没《ひょうもつ》する者多し。其の全く存《なが》ふるものを計るに僅に四十六人なり。便《すなは》ち越前国加賀郡に於《お》きて安置し供給す。（宝亀七年十二月二十二日）

……渤海の入朝使、今より以後《のち》、宜しく古き例《ためし》に依りて太宰府に向ふべし。北路《ろ》を取りて来《きた》ること得ざれ、と。……、弊邑《へいいふ》南海府吐号《とがう》の浦より発ちて、西の方対馬嶋《かたつしまのしま》の竹室《たけむろ》の津を指す。而《しか》れども海中《わだなか》にて風に遭《あ》ひて此の禁境《きんきやう》に著けり。（宝亀八年一月二十日）

とある。これをみるとわかるように、「今より以後、宜しく古き例に依りて太宰府に向ふべし」と言っているが、実際に到着したのは東のほうになってしまった。そこで事情説明というか、弁明をしていると解さざるを得ない。これが宝亀《ほうき》八年（七七七）のことであるが、同七年の史料からは冬の嵐の激しさ、それと沿岸流の強さと複雑さがよくわかる。せっかく着岸の地を目前にしながら、全員そろって上陸することができなかったのである。

以上のほかに「忽《たちま》ち暴風に遭《あ》ひて能登国に漂着せり。……便ち福良《ふくら》の津に安置す」（宝亀三年九月）「高麗使《こましやから》の輩卅人溺死して、越前国江沼《えぬま》・加賀の二郡に漂着せり。是に至りて当国に仰せて葬埋《さうまい》を加へしむ」（宝亀九年四月）などとあり、このころ加賀《かが》国から能登国に至る七〇キロメートルあまりの砂質海岸に、漂着船がしばしばやってきたことが知られる。当時は砂洲の背後に大小のラグーンがつづいており、それらは「柴山潟《しばやまがた》」「河北潟《かほくがた》」「邑知潟《おうちがた》」などとして名残りをとどめている。

海岸線の形や潮の流れ、卓越風の方向などから考えると、船の入港にもっとも都合がよかったのは砂洲の東北端に位置する邑知潟であったといえる。ここは邑知地溝と呼ばれ、北部の眉丈《びじょう》山地と南部の宝達《ほうだつ》丘陵（碁石ヶ峰《ごいしがみね》山地）との間は、もともと海峡をなしていたが、南から北に向けて砂洲が延びてきたため入江となり、やがてラグーンへと変わった。

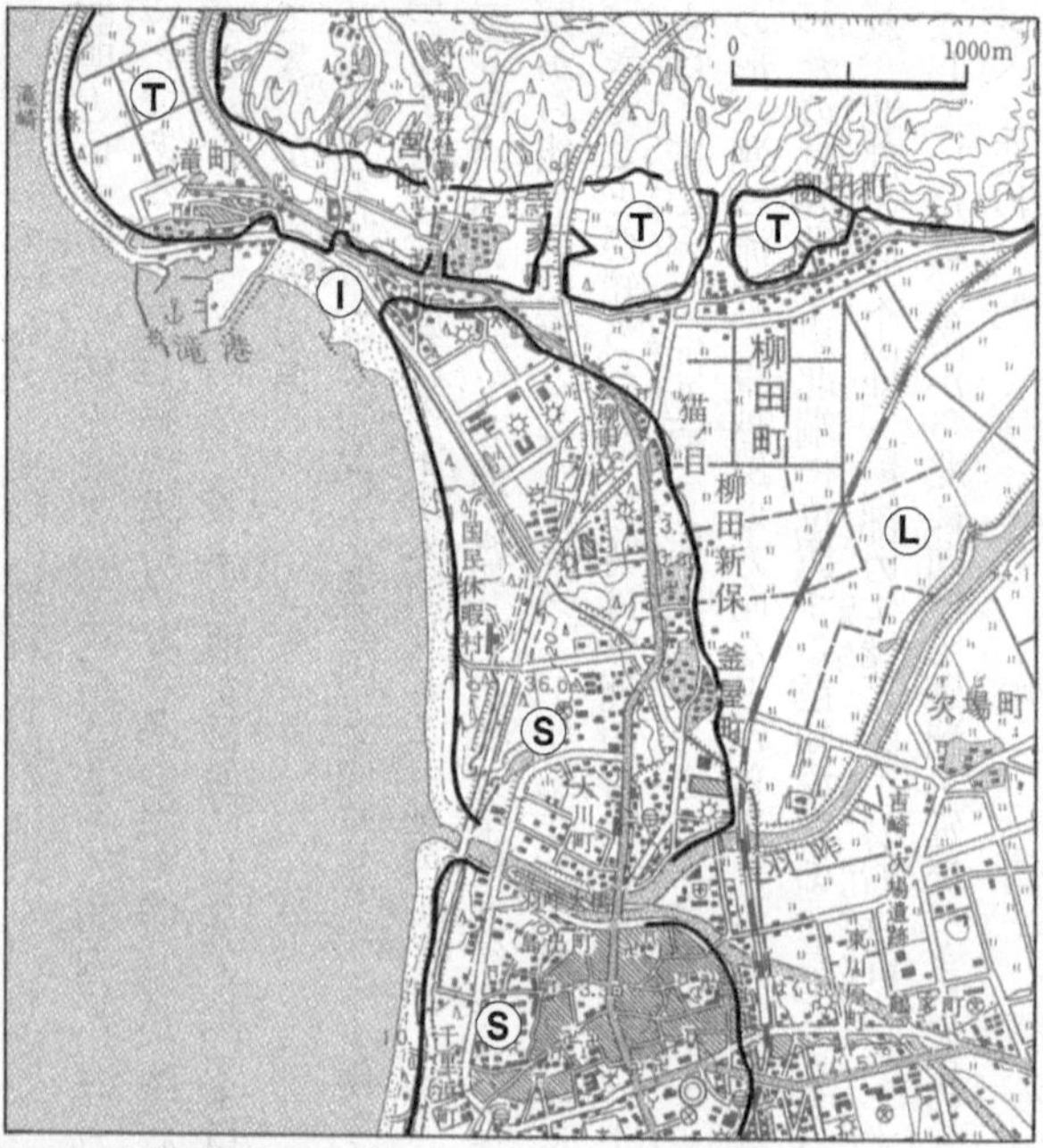

図25　寺家遺跡付近の景観

南から北に延びる幅の広い砂洲の背後はラグーンであった。T：段丘、L：旧ラグーン、S：砂洲、I：旧潮口。（国土交通省国土地理院発行5万分の1地形図「氷見」より）

旧邑知潟とそれを横切る能登有料道路
かつての邑知潟の潮口ちかくである。右前方の砂洲背後に寺家遺跡が位置する。遠望は宝達丘陵。

少し細かくみると、北部山地の前面に標高二〇メートルほどの海岸段丘（柳田台《やないだ》地）が東西に延び、そこに滝大塚《たきおおつか》古墳、シャコデ廃寺跡、気多《けた》神社などが位置する。西方の砂洲は三つの系統に分かれており、北に向けて幅を狭めるとともに、海のほうへわずかに曲っている。砂洲の上を国道や能登有料道路（平成二五年三月三一日に無料化）が走り、周りの地形改変が著しい。砂洲背後の土地割は直線状をなしているが、これは近年における干拓ないし区画整理の結果である（図25参照）。

縄文時代から平安時代末のころ、砂洲の背後は広い水域（ラグーン）をなし、北部の一ノ宮《いちのみや》町（図25にⅠで示す）付近から狭い水路「潮口」で海に通じていた。すでに述べた淀江潟とよく似た地形環境である。縄文時代から古墳時代を経て室町時代へとつづく「寺家《じけ》遺跡」の中心は、砂洲背後のラグーンの岸にあった。ここは潮口にも近く、長い間港の機能を果たしていたことであろう。

九世紀初頭のころ、来渤海使のために「能登客院《のとのきゃくいん》」がつくられたとすれば、志賀《しか》町《まち》福浦《ふくら》港ではなくて、このあたりだったと考えられる。福浦港には、入口付近に岩《がん》礁《しょう》が多く、背後に低地がほとんど存在しない。それに対し、寺家遺跡周辺は段丘や幅のわりあい広い砂洲など、ヒンターランド（後背地）に恵まれていたのである。

天満潟と難波津

日本海沿岸に比べると、瀬戸内海では潮の干満差が大きく、三メートル以上に達するところもある（図21参照）。海岸線は出入りに富んでおり、沿岸には扇状地、三角洲、ラグーンなど、さまざまなタイプの平野が発達しているが、古代の主要な港のほとんどは、ラグーン型平野に成立した（表４参照）。瀬戸内海の潮位差が、船の発着にちょうど具合が良かったからである。

熟田津《にぎたつ》に船乗りせむと月待てば潮もかなひぬ今は漕ぎ出でな　（『万葉集』八）

潮待つとありける船を知らずして悔しく妹を別れ来にけり　（『万葉集』三五九四）

右のふたつの歌は、出航に潮がどのようにかかわっていたかをよくあらわしている。それぞれ「潮もちょうどよいぐあいになった、さあ漕ぎ出そう」「潮を待って、船が出帆せずにいるのを知らず、……」などと解説されている。また「大潮を待ったのであろう」とも注釈がつけられているが、この場合はいずれも一日に二回おとずれる満潮を待ったと解すべきであろう。

はじめの歌では「月待てば」となっているが、出航には月より潮のほうが、より切実な意味をもったはずである。潮の満ちているときに入航して用をすませ、そのつぎにおとずれる満潮時ないし満潮を少し過ぎたころを見はからって、船は熱田津を出発し、伊予灘《いよなだ》を通って関門《かんもん》海峡へと向かったのである。

あとの歌もほぼ同じ意味をもつ。すなわちラグーンの港「難波津《なにわづ》」で潮が満ちてくるのを待っていた。満潮を少し過ぎたころ、十分な水深を利用して、船はラグーンから「難波堀江」に出て、潮とともに下り、明石《あかし》の門を越えてさらに西方へと向かったのである。

瀬戸内海の東端に位置する大阪平野は、複雑な構造をもっているが、ひとくちに言えば、ラグーン型平野である。平野の西を限るのは天満砂洲であり、これは南の住吉大社付近から上町台地の西側をほぼまっすぐ北に延び、先端部が緩やかに海のほうへ曲がるとともに、三本に分岐している。分岐の様子は、大阪市営地下鉄（現大阪メトロ）や高速道路などの地質資料のほか、昭和二十年（一九四五）ころに撮影された空中写真、明治二十年（一八八七）ころにつくられた仮製地形図などから推定することができる。すでに述べたように、『日本書紀』「仁徳紀」では「並び浜」という表現がされており、今の道修町《どしょうまち》は近世まで「道修谷」と呼ばれていたら

表4　瀬戸内海とその周辺のおもな港

港津名	所在地	古代の地形環境	その後の変化と現状
淀　津	京都市	河川の合流点の中洲	河道の固定、住宅地
草香津	東大阪市	ラグーンの奥	住宅地、工場
難波津	大阪市	砂洲に挟まれたラグーン	市街地の中心、人工水路
住吉津	大阪市	砂洲背後のラグーン	市街地、住吉大社の境内
紀伊湊	和歌山市	大河川の河口近くのラグーン	河口の変遷、住宅地
児島津	玉野市	波静かな入江	低湿な谷底平野、田
吉備津	岡山市	河川の乱流地帯	河筋の移動、氾濫原
岡　津	遠賀郡芦屋町	大河川の河口、ラグーン	ラグーンの堆積、河川改修
那　津	福岡市	小河川の河口、狭いラグーン	市街地の中心
熟田津	松山市	小河川の河口近くのラグーン	三角洲、住宅地
相　河	五島列島	リアス式海岸の深い入江	地形変化少ない、港

しい（宮本又次「道修町と道修谷」『大阪の歴史』二　一九八〇）。

このようにして、自然のはたらき（波浪）によって生まれたラグーンが、古代において「難波京」のプランの基準となり、豊臣秀吉《とよとみひでよし》が大坂《おおさか》城を築いた際には、堀として整備され、今も「東横堀《ひがしよこぼり》」「西横堀《にしよこぼり》」として生きつづけている。ほぼ南北方向に延びる細長いラグーンを、ここでは「天満潟」と呼ぶことにしたい。

以上に対して、天満砂洲（天満潟）東方のラグーンは東西方向に延びている。これは旧淀川と旧大和川の堆積作用によって、かつての内湾が南と北の両側から徐々に埋められたためである。この水域は埋め残しの部分であり、古くから「草香江《くさかのえ》」「勿入渕《ないりそのふち》」「広見池《ひろみいけ》」「難波潟」などと呼ばれてきた（二五ページ図1参照）。

古代のころ、東方の生駒山麓に「草香津」、上町台地の付け根に「住吉津」、そして上町台地の先端付近に「難波津」があり、いずれも重要な港としての役割を果たしていた。『古事記』にみえる「日下江《くさかえ》」は「草香江」にあたる。「難波堀江」が開削される前すなわち弥生《やよい》時代から古墳時代の前半ころには、瀬戸内海方面からやってきた船は、天満砂洲の北側を通って日下江そして草香津に至っていた。

方《まさ》に難波碕《なにはのみさき》に到るときに、奔《はや》き潮《なみ》有りて太《はなは》だ急《はや》きに会ひぬ

遡流而上《かはよりさかのぼ》りて、径《ただ》に河内国の草香邑《くさかのむら》の青雲の白肩之津《しらかたのつ》に至ります（『日本書紀』神武天皇即位前紀戊午年二月条）

浪速《なみはや》の渡《わたり》を経て、青雲の白肩津に泊《は》てたまひき（『古事記』中巻、神武天皇東征）（『日本書紀』神武天皇即位前紀戊午年三月条）

などとある。ここにみえる「難波碕」は、上町台地の先端ではなくて天満砂洲の先端を指す。当時天満砂洲の先端あたりには、西北の千里山《せんりやま》丘陵の末端から東南に向かう吹田砂洲が発達しており、そこが狭い水路のようになっていた。そのため干潮の際には、草香江から「浪速乃海」（難波乃海）に向かう、かなり速い流れを生じた。「浪速の渡」にふさわしい状況をなしていたため、さかのぼるのが困難であった。現在もこのあたりは〝垂水《たるみ》の瀬戸〟と通称されている。

そこをやっとの思いで乗り切ると、幅が広くておだやかな「草香江」に、そして草香津（白肩津《しらかたのつ》）にたどりつくことができたのである。

この狭い水路「垂水の瀬戸」は、その後、川や波が運んできた泥や砂によって埋められて少しずつ浅くなり、北廻《まわ》り航路が使えなくなった。そこで五世紀のころ、天満砂洲のほぼ中央部、上町台地を北に下りたところに東西方向の「難波堀江」を開削することになった。このようにして、「難波堀江」は新しい航路を開くことを第一の目的としてつくられたのである。堀江が通じた結果、砂洲東側の長柄《ながら》から森ノ宮付近にあった船着き場は、堀江とラグーン（天満潟）の接点付近、現在の地名では中央区高麗橋《こうらいばし》一丁目付近にほぼ固定されるようになった。ここは北側が堀江に開け、西には海からの波浪を防ぎうる砂洲があり、東は上町台地に近いこともあって、港として絶好の立地条件をそなえていた。

『日本書紀』に「客等《まろうとたち》、難波津に泊れり。是の日に、飾船三十艘《みそふな》を以《も》て客等を江口に迎へて、新《にひ》しき館《むろつみ》に安置《はべ》らしむ」（推古天皇十六年〔六〇八〕六月条）とあり、西からやってきた外国船の多くは、外港「江口《えぐち》」にまず立ち寄ったのち、派手に飾り立てた歓迎船に先導されて難波津に到着した。人びとは難波津で上陸し、「難波大道《なにわだいどう》」を南に進んで「大津道《おおつみち》」や「丹比道《たじひみち》」を大和へ向かうとか、小さい船に乗りかえて草香津に至り、あるいは旧淀川や旧大和川をさかのぼったと考えられる（二五ページ図1参照）。

このようにして「大和」、「山背《やましろ》」などをヒンターランドにもつ難波津は、国際港として外来の客を受け入れるだけでなく、遣隋使船、遣唐使船など、ほとんどの船はここから出発した。日本海沿岸の港と異なるところである。

上町台地北端を東から西に流れる大川

この川は、6世紀の初めに完成したとされる人工水路「難波堀江」に起源をもつ。開削当時の堀江の長さは、約3000mであった。古代において、このあたりは「難波津」の一角をなし、中世には「渡辺津」と呼ばれた。

しかし遠くへの門出のばあいには、港にさみしさと不安がみちみちていた。『万葉集』の「大伴の御津《みつ》に船乗り漕ぎ出てはいづれの島に盧《いお》せむわれ」(三五九三)からも、その一端を知ることができる。

終章　地域史研究への第三の方法

本書において、私は微地形や表層地質など、自然サイドからの分析に限らず、考古資料や各種の文献・史料を用いて、平野を総合的にとらえようとした。これは地域史研究における第三の方法といえるであろう。

このようにして、従来とは違った視点と方法で研究を進めた結果、当然のことながら、通説とは全く異なる解釈となったり、いくつかの新しい見解も生まれてきた。以下にその主なものを列挙し、批判を得たいと思う。

(1)『日本書紀』神功皇后摂政前紀にみえる「雷電霹靂《かむとき》して、其の磐を踏み裂きて」は、「突然激しい地震がおこり、地層に大きい割れ目（断層）ができて」という解釈となる。

(2)『日本書紀』仁徳天皇四年二月条にみえる「高台《たかどの》」は、人工物「高殿」ではなくて上町台地（段丘）を指すと考える。同じく二十二年正月条の「並び浜」は、地名ではなくて分岐砂洲《きす》のことである。

(3)古市古墳群の中枢をなす「応神天皇陵古墳」の墳丘の崩壊は、八世紀前半に発生した巨大地震にともなう地層のズレ（断層）によって生じたと考える。

(4)「平安京」が都として長くつづいたのは、京都盆地の環境がよかったというよりは、遷都にふさわしい土地が近くに存在しなかったことによる。

(5)縄文時代末から平安時代ころにかけての紀ノ川は、狐島付近で大きく弧を描いたのち、和歌浦に注いでいた。現在の河口が開けるのは、十六世紀ころのことである。
(6)日本海沿岸に発達するラグーンの多くは、古代において漂着船の受け入れ港、避難港としての役割も果たしていた。そのことは渤海使来着時の模様を示す史料をみればよくわかる。
(7)瀬戸内海の港、たとえば難波津や熟田津《にぎたつ》では、潮汐差《ちょうせき》をうまく利用して出港と入港を行なっていた。ラグーンは、潮汐による汀線《ていせん》の水平移動がわりあい少なく、近くに高燥な砂洲があるため、上下船が便利であった。
(8)古代の国際港「難波津」は、大阪市中央区心斎橋筋《しんさいばしすじ》二丁目（旧三津寺町《みつてら》）付近ではなくて、中央区高麗橋一丁目付近に成立した。そのことは当時の地形環境（古地理）を復原すれば明らかなところであり、近年港の存在を暗示させる遺構や遺物が、このあたりからつぎつぎと発掘されている。

いろいろと書きつらねてきたが、最後に『万葉集』から神社忌寸老麿《かみこそのいみきおゆまろ》が草香山《くさかやま》（生駒山）を越える時につくった歌二首を取り上げ、「潟」と「海」の違いに対する私見を述べ、まとめとしたい。

難波潟潮干の餘波《なごり》委曲《よく》見てむ家なる妹が待ち問はむ為　（九七六）
直越《ただこえ》のこの道にして押し照るや難波の海と名づけけらしも　（九七七）

はじめの歌の「難波潟」は、上町台地の先端から北に延びる天満砂洲背後の水域を指す（二五ページ図1参照）。それに対し、「難波の海」は砂洲の西方に広がる大阪湾（難波乃海《なにわのうみ》）にあたる。さらにいえば、「潟」は河内低地の汀線近くを行く（船であろうか？）際に、直接観察した近景であり、「海」は生駒山頂に立って（振り返って）眺めた遠景である。

したがって、九七六、九七七の順にうたわれたとすれば（そのはずだが）、そして景の細かい移り変わりからみれば、「大和から難波へ越えるとき」、「直越えで河内のほうへ来るとき」などとする従来の解釈（『日本古典文学大系』5　ほか）よりは、「難波から生駒を越えて大和へ向かう（帰る）とき」と考えるほうがよい。いな、そう解しないと意味がうまく通じないのである。

これは従来と全く逆の解釈であり、静かな「難波の海」に漣《さざなみ》を立てることになってしまったが、今後も古地理や景観の復原にとどまらず、当時の人びとの自然への深い思いや生きざまに、少しでも近づきたいと思っている。

参考文献

中野尊正『日本の平野』古今書院　一九五六
谷岡武雄『平野の地理』古今書院　一九六三
古島敏雄『土地に刻まれた歴史』(岩波新書) 岩波書店　一九六七
籠瀬良明『低湿地』古今書院　一九七二
渡辺　光『新版地形学』古今書院　一九七五
大矢雅彦『河川の開発と平野』大明堂　一九七九
安田喜憲『環境考古学事始』(ＮＨＫブックス) 日本放送出版協会　一九八〇
前田保夫『縄文の海と森』蒼樹書房　一九八〇
井関弘太郎『沖積平野』東京大学出版会　一九八三
貝塚爽平・成瀬洋・太田洋子『日本の平野と海岸』岩波書店　一九八五
小野忠凞『日本考古地理学研究』大明堂　一九八六
高橋　学『平野の環境考古学』古今書院　二〇〇三
古田　昇『平野の環境歴史学』古今書院　二〇〇五

外山秀一『遺跡の環境復原』古今書院　二〇〇六
額田雅裕『絵図でよむ荘園の立地と環境』古今書院　二〇一七
Bird, E. C. F. (1965) : Coastal Landforms, Camberra.
Lambert, A. M. (1985) : The Making of the Dutch Landscape, London.

あとがき

立命館大学を辞し、ふるさと徳島に帰ってから五年ほどになる。〝キセル人生〟とは、あまり良い表現ではないが、私は高校卒業後四十年近くを京都で過ごし、再び徳島に戻ってきた。生まれ育った勝浦の山奥ではなくて、勝浦川下流の平野部に家を構えたが、これは今流行《はや》りの言葉では〝Jターン〟ということになる。

地理学が好きで地理学科に進んだのだが、学生のころ、私は地理学に素朴な疑問をもった。標準的なテキストに記されている内容と、地理学者によって実際に行なわれている研究内容との乖離《かいり》に対してである。「地理学は自然環境と人間活動との関係を研究する学問分野である」といわれながら、なぜか、自然地理学者は自然のみ、人文地理学者は人間活動のみを研究対象としている。これでは近い将来、地理学は両極分解し、実体の無いものになってしまうかも知れない、と。しかし、ぼやいてばかりいても仕方がないので、とりあえず、自分で納得のできる地理を気ままにやることにした。それは「平野」を舞台にして、自然と人間の関係史を辿《たど》ろうとするものである。

那賀川平野に次いで、紀ノ川平野の研究を終えたころ、森浩一先生から太田《おおた》・黒田《くろだ》弥生《やよい》遺跡（和歌山市）付近の地形調査へのお誘いがあった。昭和四十年代のはじめだったと思う。地理学の本質を追い求める一方で、研究のスコープを少し広げたいと考えていた矢先だったので、喜んでお引き受けした。その後は和歌山市に限らず、畿内の各地から岡山あたりにまで出かけ、発掘担当者と討論を重ねたり、考古学や日本史関係の雑誌類にも原稿を書いた。今回、このような機会が与えられたのも、以上のような事情による。森先生に改めてお礼を申し上げたい。

ワクをはみ出したとはいえ、私のこれまでの人生のほとんどは地理学にあった。高校時代に地理学への目を開く機縁をつくっていただき、現在もずっとお世話になっている鎌田匡先生（徳島文理大学教授）、学生時代以来長い間地理学について親しくご指導をいただいた谷岡武雄先生（立命館大学名誉教授）に心からお礼を申し上げたい。いつものことながら、地図の多いものとなってしまったが、わがままを聞き入れて下さった大巧社の根岸徹社長と編集部の田邉真穂さんにも感謝したい。

ようやく「あとがき」を書き終えることができたが、思い出されてくるのは、一昨年の九月に亡くなった妻敦子のことである。三〇年間あまり、私の研究生活を陰で支えてくれた妻の霊前に、感謝の気持ちをこめて本書を捧《ささ》げたいと思う。

日下雅義

平成九年初夏

文庫版あとがき

学生の時、私は中野尊正著『日本の平野』（古今書院、一九五六）を繰り返し読んだ。まず「平野」について勉強しようと思ったからである。

地形図の読み方、空中写真の判読方法、地形のとらえ方などが、かなり分かってきたころ、関西に住み文学部に学ぶ者は、これまでとは少し違ったアプローチをしないと研究する意味がない、と考えるようになった。

そこで微地形や表層地質のほか、条里型土地割、池溝、古墳など、地表に残る人工景観に注意を払うと共に、遺構・遺物、古文献・史料、古地図・地籍図などを使って過去の自然（地形）環境と人間活動との関係を総合的に把握しようとした。

たとえば、大井川扇状地に残る旧河道（河跡）については、まず縮尺一万分の一空中写真（一九六一年撮影）から検出し、それを『東関紀行』や『丙辰《へいしん》紀行』の記事と照らし合わせて、当時の流れの様子をいっそう鮮やかなものとした。また紀ノ川の流路については、縄文時代末ころ以降における海岸砂洲《さす》の形成史を辿《たど》ったのち、

『平家物語』や『九条家文書』からかつての紀ノ川が和歌浦に注いでいたことを明確にしたのである。

このようにして、人間史をかなり重視するものとなったが、私の平野研究の原点は『日本の平野』にある。中野尊正先生（当時東京都立大学理学部教授）に改めてお礼申し上げたい。

ところで、わが国の「平野」は弥生《やよい》時代以降長年にわたって〝生活の場〟として重要な役割を果たしてきたが、今では〝災害の舞台〟として人びとの注目を集めている。

原著を出した頃には、現在のような大水害はこんなに多く発生していなかったと思う。以前に比べて時間雨量が激増したし、瀬戸内海北岸の平野や千曲《ちくま》川流域（長野盆地）で発生した水害は、これまでの常識を覆すものであった。最近は河川流域での水害が目立っているが、臨海部も決して油断することはできない。津波や高潮発生のおそれが常にあるからである。

このようにして、「平野」が周りからの〝水攻め〟に絶えず脅かされている現在、幸いにも拙著が角川ソフィア文庫に加えられたので、これを俎上《そじょう》に載せて平野と水害との関係について広く論じ合って欲しいと願っている。

最後に、拙著の文庫化に向けていろいろとお骨折り下さった編集部の竹内祐子さんに感謝したい。

令和二（二〇二〇）年三月

日下雅義

本書は、一九九八年一月に大巧社より刊行された
『平野は語る』を改題のうえ文庫化したものです。

企画　森　浩一

平野《へいや》が語《かた》る日本史《にほんし》

日下《くさか》雅義《まさよし》

令和2年 6月25日　初版発行
令和5年 9月15日　再版発行

発行者●山下直久

発行●株式会社KADOKAWA
〒102-8177　東京都千代田区富士見2-13-3
電話　0570-002-301（ナビダイヤル）

角川文庫 22228

印刷所●株式会社KADOKAWA
製本所●株式会社KADOKAWA

表紙画●和田三造

●お問い合わせ
https://www.kadokawa.co.jp/（「お問い合わせ」へお進みください）
※内容によっては、お答えできない場合があります。
※サポートは日本国内のみとさせていただきます。
※Japanese text only

ISBN 978-4-04-400607-5　C0121

角川文庫発刊に際して

角川源義

第二次世界大戦の敗北は、軍事力の敗北であった以上に、私たちの若い文化力の敗退であった。私たちの文化が戦争に対して如何に無力であり、単なるあだ花に過ぎなかったかを、私たちは身を以て体験し痛感した。西洋近代文化の摂取にとって、明治以後八十年の歳月は決して短かすぎたとは言えない。にもかかわらず、近代文化の伝統を確立し、自由な批判と柔軟な良識に富む文化層として自らを形成することに私たちは失敗して来た。そしてこれは、各層への文化の普及滲透を任務とする出版人の責任でもあった。

一九四五年以来、私たちは再び振出しに戻り、第一歩から踏み出すことを余儀なくされた。これは大きな不幸ではあるが、反面、これまでの混沌・未熟・歪曲の中にあった我が国の文化に秩序と確たる基礎を齎らすためには絶好の機会でもある。角川書店は、このような祖国の文化的危機にあたり、微力をも顧みず再建の礎石たるべき抱負と決意とをもって出発したが、ここに創立以来の念願を果すべく角川文庫を発刊する。これまで刊行されたあらゆる全集叢書文庫類の長所と短所とを検討し、古今東西の不朽の典籍を、良心的編集のもとに、廉価に、そして書架にふさわしい美本として、多くのひとびとに提供しようとする。しかし私たちは徒らに百科全書的な知識のジレッタントを作ることを目的とせず、あくまで祖国の文化に秩序と再建への道を示し、この文庫を角川書店の栄ある事業として、今後永久に継続発展せしめ、学芸と教養との殿堂として大成せんことを期したい。多くの読書子の愛情ある忠言と支持とによって、この希望と抱負とを完遂せしめられんことを願う。

一九四九年五月三日

角川ソフィア文庫ベストセラー

源氏物語
ビギナーズ・クラシックス　日本の古典

紫式部
編／角川書店

日本古典文学の最高傑作である世界第一級の恋愛大長編『源氏物語』全五四巻が、古文初心者でもまるごとわかる！　巻毎のあらすじと、名場面はふりがな付きの原文と現代語訳両方で楽しめるダイジェスト版。

今昔物語集
ビギナーズ・クラシックス　日本の古典

編／角川書店

インド・中国から日本各地に至る、広大な世界のあらゆる階層の人々のバラエティーに富んだ日本最大の説話集。特に著名な話を選りすぐり、現実的で躍動感あふれる古文が現代語訳とともに楽しめる！

平家物語
ビギナーズ・クラシックス　日本の古典

編／角川書店

一二世紀末、貴族社会から武家社会へと歴史が大転換する中で、運命に翻弄される平家一門の盛衰を、叙事詩的に描いた一大戦記。源平争乱における事件や時間の流れが簡潔に把握できるダイジェスト版。

徒然草
ビギナーズ・クラシックス　日本の古典

吉田兼好
編／角川書店

日本の中世を代表する知の巨人・吉田兼好。その無常観とたゆみない求道精神に貫かれた名随筆集から、兼好の人となりや当時の人々のエピソードが味わえる代表的な章段を選び抜いた最良の徒然草入門。

おくのほそ道（全）
ビギナーズ・クラシックス　日本の古典

松尾芭蕉
編／角川書店

俳聖芭蕉の最も著名な紀行文、奥羽・北陸の旅日記を全文掲載。ふりがな付きの現代語訳と原文で朗読にも最適。コラムや地図・写真も豊富で携帯にも便利。風雅の誠を求める旅と昇華された俳句の世界への招待。

角川ソフィア文庫ベストセラー

古今和歌集
ビギナーズ・クラシックス　日本の古典

編／中島輝賢

春夏秋冬や恋など、自然や人事を詠んだ歌を中心に編まれた、第一番目の勅撰和歌集。総歌数約一一〇〇首から七〇首を厳選。春といえば桜といった、日本的美意識に多大な影響を与えた平安時代の名歌集を味わう。

伊勢物語
ビギナーズ・クラシックス　日本の古典

編／坂口由美子

雅な和歌とともに語られる「昔男」（在原業平）の一代記。垣間見から始まった初恋、天皇の女御となる女性との恋、白髪の老女との契り――。全一二五段から代表的な短編を選び、注釈やコラムも楽しめる。

土佐日記（全）
ビギナーズ・クラシックス　日本の古典

紀　貫之
編／西山秀人

平安時代の大歌人紀貫之が、任国土佐から京へと戻る旅を、侍女になりすまし仮名文字で綴った紀行文学の名作。天候不順や海賊、亡くした娘への想いなどが、船旅の一行の姿とともに生き生きとよみがえる！

うつほ物語
ビギナーズ・クラシックス　日本の古典

編／室城秀之

異国の不思議な体験や琴の伝授にかかわる奇瑞などの浪漫的要素と、源氏・藤原氏両家の皇位継承をめぐる対立を絡めながら語られる。スケールが大きく全体像が見えにくかった物語を、初めてわかりやすく説く。

和泉式部日記
ビギナーズ・クラシックス　日本の古典

和泉式部
編／川村裕子

為尊親王の死後、弟の敦道親王から和泉式部へ手紙が届き、新たな恋が始まった。恋多き女、和泉式部が秀逸な歌とともに綴った王朝女流日記の傑作。平安時代の愛の苦悩を通して古典を楽しむ恰好の入門書。

角川ソフィア文庫ベストセラー

更級日記
ビギナーズ・クラシックス 日本の古典
菅原孝標女
編／川村裕子

平安時代の女性の日記。東国育ちの作者が京へ上り憧れの物語を読みふけった少女時代。結婚、夫との死別、その後の寂しい生活。ついに思いこがれた生活を手にすることのなかった一生をダイジェストで読む。

大鏡
ビギナーズ・クラシックス 日本の古典
編／武田友宏

老爺二人が若侍相手に語る、道長の栄華に至るまでの藤原氏一七六年間の歴史物語。華やかな王朝の裏の権力闘争の実態や、都人たちの興味津津の話題が満載。『枕草子』『源氏物語』への理解も深まる最適な入門書。

新古今和歌集
ビギナーズ・クラシックス 日本の古典
編／小林大輔

伝統的な歌の詞を用いて、『万葉集』『古今集』とは異なった新しい内容を表現することを目指した、画期的な第八番目の勅撰和歌集。歌人たちにより緻密に構成された約二〇〇〇首の全歌から、名歌八〇首を厳選。

方丈記（全）
ビギナーズ・クラシックス 日本の古典
鴨　長明
編／武田友宏

平安末期、大火・飢饉・大地震、源平争乱や一族の権力争いを体験した鴨長明が、この世の無常と身の処し方を綴る。人生を前向きに生きるヒントがつまった名随筆を、コラムや図版とともに全文掲載。

南総里見八犬伝
ビギナーズ・クラシックス 日本の古典
曲亭馬琴
編／石川　博

不思議な玉と痣を持って生まれた八人の男たちは、やがて同じ境遇の義兄弟の存在を知る。完結までに二八年、九八巻一〇六冊の大長編伝奇小説を、二九のクライマックスとあらすじで再現した『八犬伝』入門。

角川ソフィア文庫ベストセラー

ビギナーズ・クラシックス　日本の古典
紫式部日記
紫式部
編／山本淳子

平安時代の宮廷生活を活写する回想録。同僚女房や清少納言への冷静な評価などから、当時の後宮が手に取るように読み取れる。現代語訳、幅広い寸評やコラムで、『源氏物語』成立背景もよくわかる最良の入門書。

ビギナーズ・クラシックス　日本の古典
御堂関白記　藤原道長の日記
藤原道長
編／繁田信一

王朝時代を代表する政治家であり、光源氏のモデルとされる藤原道長の日記。わかりやすい解説を添えた現代語訳で、道長が感じ記した王朝の日々が鮮やかによみがえる。王朝時代を知るための必携の基本図書。

ビギナーズ・クラシックス　日本の古典
とりかへばや物語
編／鈴木裕子

女性的な息子と男性的な娘をもつ父親が、二人の性を取り替え、娘を女性と結婚させ、息子を女官として女性の東宮に仕えさせた。二人は周到に生活していたが、やがて破綻していく。平安最末期の奇想天外な物語。

ビギナーズ・クラシックス　日本の古典
梁塵秘抄
後白河院
編／植木朝子

平清盛や源頼朝を翻弄する一方、大の歌謡好きだった後白河院が、その面白さを後世に伝えるために編集した歌謡集。代表的な作品を選び、現代語訳して解説を付記。中世の人々を魅了した歌謡を味わう入門書。

ビギナーズ・クラシックス　日本の古典
西行　魂の旅路
編／西澤美仁

平安末期、武士の道と家族を捨て、ただひたすら和歌の道を究めるため出家の道を選んだ西行。その心の軌跡を、伝承歌も含めた和歌の数々から丁寧に読み解く。桜を愛し各地に足跡を残した大歌人の生涯に迫る！

角川ソフィア文庫ベストセラー

堤中納言物語
ビギナーズ・クラシックス　日本の古典
編／坂口由美子

気味の悪い虫を好む姫君を描く「虫めづる姫君」をはじめ、今ではほとんど残っていない平安末期から鎌倉時代の一〇編を収録した短編集。滑稽な話やしみじみした話を織り交ぜながら人生の一こまを鮮やかに描く。

太平記
ビギナーズ・クラシックス　日本の古典
編／武田友宏

後醍醐天皇即位から室町幕府細川頼之管領就任まで、史上かつてない約五〇年の抗争を描く軍記物語。強烈な個性の新田・足利・楠木らの壮絶な人間ドラマが錯綜する南北朝の歴史をダイジェストでイッキ読み！

謡曲・狂言
ビギナーズ・クラシックス　日本の古典
編／網本尚子

変化に富む面白い代表作「高砂」「隅田川」「井筒」「敦盛」「鵺」「末広かり」「千切木」「蟹山伏」を取り上げ、現代語訳で紹介。中世が生んだ伝統芸能を文学として味わい、演劇としての特徴をわかりやすく解説。

近松門左衛門『曾根崎心中』『けいせい反魂香』『国性爺合戦』ほか
ビギナーズ・クラシックス　日本の古典
編／井上勝志

近松が生涯に残した浄瑠璃・歌舞伎約一五〇作から、「出世景清」「曾根崎心中」「国性爺合戦」など五本の名場面を掲載。芝居としての成功を目指し、演じることを前提に作られた傑作をあらすじ付きで味わう！

良寛　旅と人生
ビギナーズ・クラシックス　日本の古典
編／松本市壽

江戸時代末期、貧しくとも心豊かに生きたユニークな禅僧良寛。越後の出雲崎での出生から、島崎にて七四歳で病没するまでの生涯をたどり、残された和歌、漢詩、俳句、書から特に親しまれてきた作品を掲載。

角川ソフィア文庫ベストセラー

ビギナーズ・クラシックス 日本の古典
百人一首（全）
編／谷　知子

天智天皇、紫式部、西行、藤原定家――。日本文化のスターたちが繰り広げる名歌の競演がスラスラわかる！　歌の技法や文化などのコラムも充実。旧仮名が読めなくても、声に出して朗読できる決定版入門。

ビギナーズ・クラシックス 日本の古典
宇治拾遺物語
編／伊東玉美

「こぶとりじいさん」や「鼻の長い僧の話」など、ユーモラスで、不思議で、面白い鎌倉時代の説話（短編物語）集。総ルビの原文と現代語訳、わかりやすい解説とともに、やさしく楽しめる決定的入門書！

ビギナーズ・クラシックス 日本の古典
小林一茶
編／大谷弘至

身近なことを俳句に詠み、人生のつらさや切なさを作品へと昇華させていった一茶。古びることのない俳句の数々を、一茶の人生に沿ってたどりながら、やさしい解説とともにその新しい姿を浮き彫りにする。

ビギナーズ・クラシックス 日本の古典
雨月物語
上田秋成
編／佐藤至子

幽霊、人外の者、そして別の者になってしまった人間が織りなす、身の毛もよだつ怪異小説。現代の文章にはない独特の流麗さをもつ筆致で描かれた珠玉の9篇を、易しい訳と丁寧な解説とともに抜粋して読む。

新版 古事記
現代語訳付き
訳注／中村啓信

天地創成から推古天皇につながる天皇家の系譜と王権の由来書。厳密な史料研究成果に拠る読み下し文、平易な現代語訳、漢字本文（原文）、便利な全歌謡各句索引と主要語句索引を完備した決定版！

角川ソフィア文庫ベストセラー

百姓の力
江戸時代から見える日本

渡辺尚志

村はどのように形成され、百姓たちはどんな生活を送っていたのか。小農・豪農・村・地域社会に焦点をあて、歴史や役割、百姓たちの実生活を解説。武士から語られることの多い江戸時代を村社会から見つめ直す。

稲の日本史

佐藤洋一郎

縄文遺跡から見つかるイネの痕跡は、現代の水稲とは異なる稲作が営まれていたことを物語る。弥生時代に水稲が渡来した後も一気に普及したわけではない。縄文稲作の多様性を、今日的な視点でとらえなおす。

骨と墓の考古学
大都市江戸の生活と病

谷畑美帆

近世人の姿をいきいきと物語る古人骨。町人か侍か。病死か事故死か人柱か。けがや流行り病、食事や性生活、衛生状態や老後の暮らしまで、文献に残らない歴史を科学の力で解き明かす都市古病理学への招待。

縄文土器・土偶

井口直司

縄文人はどんな人たちだったのか。その謎を解く鍵は道具にあった！　主要作品をカラー写真と最新の科学的知見を盛り込んだ解説で紹介。縄文の国宝全6点を含む図版100点超えの入門書の決定版。

縄文人の死生観

山田康弘

精一杯の生を送り、病魔や死の恐怖と闘った人びとの姿を雄弁に物語る、縄文の墓や遺物。その背後に広がる、自然や母胎への回帰、再生をめぐる死生観とは？現代人の死のあり方をも照らし返す墓の考古学。

角川ソフィア文庫ベストセラー

神秘日本
岡本太郎

人々が高度経済成長に沸くころ、太郎の眼差しは日本の奥地へと向けられていた。恐山、津軽、出羽三山、広島、熊野、高野山を経て、京都の密教寺院へ――。現代日本人を根底で動かす「神秘」の実像を探る旅。

天災と日本人
寺田寅彦随筆選

寺田寅彦
編／山折哲雄

地震列島日本に暮らす我々は、どのように自然と向き合うべきか――。災害に対する備えの大切さ、科学と政治の役割、日本人の自然観など、今なお多くの示唆を与える、寺田寅彦の名随筆を編んだ傑作選。

遠野物語remix
付・遠野物語

京極夏彦
柳田國男

雪女、座敷童衆、オシラサマ――遠野の郷の説話を収めた『遠野物語』。柳田國男のこの名著を京極夏彦が〝リミックス〟。深く読み解き、新たに結ぶ。柳田の原著も併載、読み比べなど、楽しみが広がる決定版！

宗教歳時記
五来重

お正月に食べる餅が、大寺院の修正会へと繫がっていく――。歳時記の趣向で宗教にまつわる各地の年中行事を取り上げ、その基底に流れる日本古代の民俗と、祖先が大切に守ってきたものを解き明かした名著。

新編 日本の面影
ラフカディオ・ハーン
池田雅之＝訳

日本の人びとと風物を印象的に描いたハーンの代表作『知られぬ日本の面影』を新編集。「神々の国の首都」「日本人の微笑」ほか、アニミスティックな文学世界や世界観、日本への想いを伝える一一編を新訳収録。